U0115562

RACING WITH LOVE

Z

餐饮衣色是一切的像起与归宿。

思穿始终，油腻而坚定。

与爱同行

周冠宇的F1逐梦路

姜晓颖 著

RACING WITH LOVE

湖南文艺出版社
GUNNAN LITERATURE AND ART PUBLISHING HOUSE

博集天卷
CS-BOOKY

图书在版编目（CIP）数据

与爱同行 : 周冠宇的 F1 逐梦路 / 姜晓颖著 . -- 长沙 : 湖南文艺出版社 , 2024.4
ISBN 978-7-5726-1674-7

Ⅰ . ①与… Ⅱ . ①姜… Ⅲ . ①周冠宇—传记 Ⅳ . ① K825.47

中国国家版本馆 CIP 数据核字（2024）第 042452 号

上架建议：畅销 · 传记

YU AI TONGXING： ZHOU GUANYU DE F1 ZHU MENG LU
与爱同行 : 周冠宇的 F1 逐梦路

著　　者：姜晓颖
出 版 人：陈新文
责任编辑：匡杨乐
监　　制：秦　青
策划编辑：曹　煜
文案编辑：王　争
营销编辑：陈可垚　柯慧萍
封面设计：利　锐
版式设计：李　洁
出　　版：湖南文艺出版社
　　　　　（长沙市雨花区东二环一段 508 号 邮编：410014）
网　　址：www.hnwy.net
印　　刷：北京市雅迪彩色印刷有限公司
经　　销：新华书店
开　　本：680 mm×955 mm　1/16
字　　数：323 千字
印　　张：22
版　　次：2024 年 4 月第 1 版
印　　次：2024 年 4 月第 1 次印刷
书　　号：ISBN 978-7-5726-1674-7
定　　价：78.00 元

如有质量问题，请致电质量监督电话：010-59096394
团购电话：010-59320018

RACIND WITH Z LOVE

2023 年冠宇在 F1 巴西站车手休息区与其他车手互动

2022 年母子二人合影

2023 年冠宇和队友博塔斯在 F1 美国站与粉丝合影　　2023 年冠宇在 F1 阿布扎比站与摩纳哥车手勒克莱尔交流

2022 年冠宇在 F1 澳大利亚站与粉丝互动

CONTENTS

生命的互相映照

TWO

梦想
静谧又轰隆

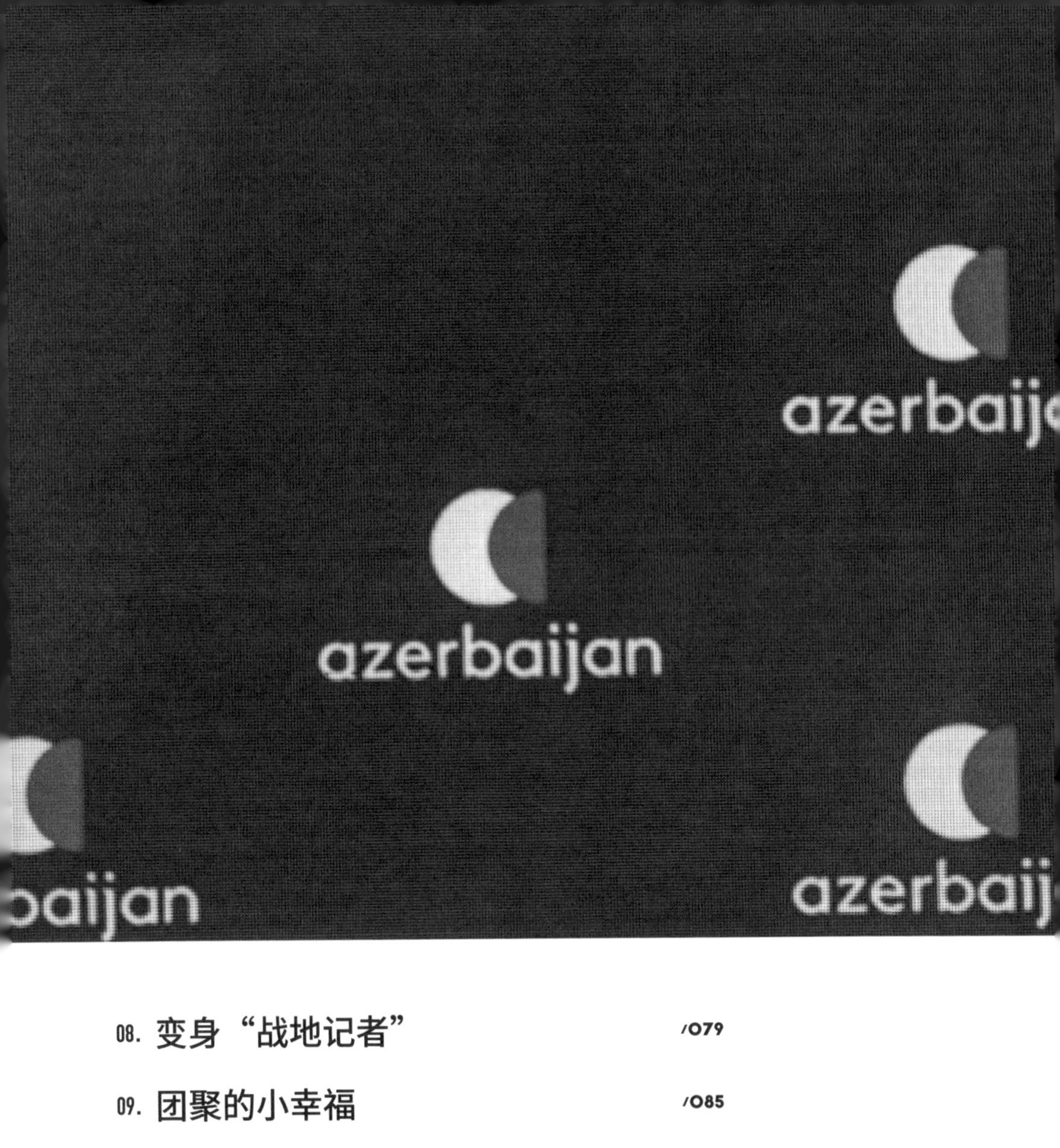

THREE

积跬步
以至千里

FOUR

这么近
又那么远

11

乘风破浪
会有时

ONE
生命的互相映照

New Boy, New Era①

1999 年 5 月 30 日，我的第一个孩子出生了，是个男孩，取名冠宇。

千禧年前后，一切都充满希望。朴树的《New Boy》里唱着"奔腾电脑"和"Windows98"，电视和广播里传来北京申办 2008 年奥运会成功的消息，计算机浪潮正在开启一个新的时代，中国的体育运动和体育产业也即将迎来崭新的篇章。

冠宇很幸运，生在那个意气风发的年代。

很快，F1 与中国和上海的缘分也到了，不知不觉中拨弄起很多人命运的琴弦。

F1 是"一级方程式赛车世界锦标赛"的简称。作为一项世界顶级赛事，F1 与中国的关系一直都不比奥运会与中国的关系更近，若是没有北京申奥的成功、没有同年中国正式加入世界贸易组织的契机，上海能不能在一年后拿到 2004 年 F1 中国大奖赛的承办权？我不知道，但我确信它们都在一定程度上增加了上海在这件事上的胜算。

①意为"新男孩，新时代"。——编者注

不论是 F1 中国大奖赛，还是奥运会的申办，本质上与加入世界贸易组织一样，都是自觉闭塞太久的中国人对融入国际社会、开拓国际视野的期盼和努力。正是因为有了这份期盼和努力，时代才会变得朝气蓬勃，进而影响生活在这个时代的每个中国人。

　　幼小如冠宇，青年如我和我先生，不论生活还是工作皆得益于此。

　　朝气蓬勃，乐观积极，敢闯敢拼。

恰逢其时

对冠宇来说，更幸运的是在最适当的年龄赶上了 F1 中国大奖赛在上海举办。再早一些，他会因为年纪太小无法获得对那次大赛足够多的感受和体验，无法形成对那次大赛足够深的印象和记忆；再晚一些，他可能就没有充足的时间去亲自感受并确定自己的喜好。

2004 年 9 月，冠宇五岁零四个月，在上海的金秋时节第一次与 F1 中国大奖赛亲密接触。

对他这个年龄的孩子来说，F1 是不是首次在中国、首次在上海举办本身没有什么意义，这是成年人附加进去的东西，但是自己第一次现场观看 F1 却是意义重大的。不说这么顶级的国际赛事，像他这样大的孩子，就算是去体育场或者大学里现场观看一场足球赛，也是值得和小伙伴津津乐道的事情。

不过对成年人来说，比如对我和我先生，"首次举办"的意义就不一样了。

我先生喜欢车，F1 对他来说就被赋予了更重大的意义，除了对开放的意义、对经济的意义、对汽车行业的意义，甚至还涉及科学技术层面的探讨。作为爱车之人，能在家门口看一场这种级别的比赛，是一件光想想都会内心激动的事情。

2004 年 F1 中国大奖赛在上海举办，五岁零四个月的冠宇第一次与 F1 亲密接触

而我以前对车没多大兴趣，也不喜欢开车，我对"方程式"并没有什么概念，后来在先生的科普下，才知道了 F1 的含义就是"一级方程式赛车世界锦标赛"。F1 上海站对我的吸引力也来源于"顶级赛事"和"首次举办"这两个点。但更重要的是，我能和先生带着小冠宇全家出行，一起去观看这样一项就在家门口举办的顶级赛事，不出意外的话，我们能收获一个非常愉快且难忘的周末，几重因素叠加，F1 对我的意义也尤为不一样了。

于是我们早早地订了票，带着冠宇一起躬逢其盛。现在回想起来，二十年前在上海举办的 F1 中国大奖赛不仅在冠宇心中播下了一颗小小的种子，对我和我先生也产生了独特的意义。

没有这次和 F1 的亲密接触，冠宇心里不会播下那颗种子。

作为父母，我们对待这颗种子的态度也许会有所不同。

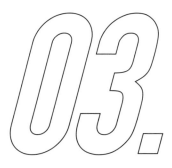

父与子

冠宇喜欢车，和其他小男孩一样。

这可能是天性，也可能是人类社会早已根深蒂固的性别意识牵引所致。一个普遍的现象是有小女孩的家庭和有小男孩的家庭拥有的玩具类型及其比例多少会有点区别。

我虽然自认为思想开放，但因为家庭教育和成长经历的关系，在某些方面也是很尊重传统的，比如在孩子的性别认知和性别意识问题上，我绝对不会刻意放纵或者故意扭曲。不过打心底里，不论男孩还是女孩，我都希望他们拥有一些诸如勇敢、果决、坚毅的特质，能有点英气。

所以家里除了有一些通用的益智玩具，例如绘本、动漫、球类，也会有一些主要面向男孩子家庭售卖的模型玩具——飞机、汽车等，不一而足。

在这些令人眼花缭乱的玩具里，冠宇最喜欢的就是汽车。

因为他后来成了车手，所以这点喜欢会被赋予一丝"冥冥中注定"的神秘感，但放在当时，这也不过是个男孩子再普通不过的爱好，一点也不特别。

非要说特别的话，不如追溯到冠宇的父亲。因为我先生特别喜欢车，喜欢琢磨车，在那个马路拐角还有不少书报亭的年代，我先生每次路过都会去买各种关于车的杂志，家里慢慢就有了不少汽车类杂志，冠宇虽然当时很小，但他也喜欢去翻阅。见孩子喜欢车，爸爸于是给他买了很多不同类型的汽车玩具和模型。

在一般家庭中，父与子的感情和关系跟母与子的是不同的。

由于天性和分工的不同，母亲们更多地承担了养育孩子的责任，而父亲们则在兴趣爱好的引导上起到了更为重要的作用，尤其是对男孩子。父亲们没有母亲们陪伴、照顾孩子的时间多，但是孩子却因此更加思念他们，渴望见到他们。

我虽然也是职业女性，但我们这个小家的情形大抵也差不多。

我先生比我的工作要忙，家里零零碎碎的事情就顾不上了，回到家主要就是陪孩子玩。玩耍是孩子的天性，父与子的感情在玩耍中很自然很轻松地就建立起来了，他们会一起在电视机前看比赛，聊车，一起聊足球并相约去踢球……偶尔想想还真是有点羡慕。

因为我先生平时特别喜欢看体育运动、荒野求生以及赛车之类的节目和书籍，冠宇耳濡目染，慢慢地也喜欢上了这些东西，尤其是对与车相关的事物表现出了特别的兴趣。

我先生因为没有太多时间陪伴孩子，所以就在物质层面补偿一些，于是只要看到新出的汽车模型和玩具，就会给冠宇带一个回来。特别是每次冠宇过生日，爸爸一定会送给他与车有关的东西。当然，不排除他自己也很喜欢，以爱子之名买买买。孩子亲近父亲，为了在有限的共处时间里有更多的交流，会尽量记住父亲分享给他的东西。

于是家里慢慢产生了分野：他们父子俩对于车的共同爱好形成了一个"圈"。我这个对车没啥兴趣的母亲只能在"圈"外或"圈"的边缘偶尔打转。

车在我眼里只有外观上的差别，我甚至都懒得去记这些差别，但是冠宇在他父亲的熏陶下已经能如数家珍了。车名、厂家、型号、系列，外观上有了什么改变，参数上有多大的提升，三四岁的孩子已经可以分得很清楚并娓娓道来了。

还真是有其父必有其子，我有时候也会感叹，且乐见其成。

孩子的成长最重要的一条途径就是模仿，一个小男孩对一个成年男性的模仿本身，就是性别意识形成和塑造的重要阶段。何况喜欢车没什么不好，谁不喜欢漂亮飞驰的车呢？

那是对自由的向往，没有什么能够阻挡。

没有梦想，只有喜欢

喜欢是一回事，天赋是一回事，梦想更是另外一回事。

我和我先生从未因为冠宇自小喜欢车，对车的了解比较多，就自以为是地想七想八，我们唯一欣慰的是这孩子的智商和记忆力至少在平均线以上，不用太担心他将来的学习。

至于梦想更是八竿子打不着，且不说与学龄前儿童讨论这个问题是不是有必要，一个稍微传统点的家庭在那个时代也不会把成为车手作为培养孩子的首选目标。身为父母，我们想象中的冠宇也是按小学—中学—大学这个顺序读上去，与绝大多数家庭的设想没有多大区别。

我当时能想到的一些需要选择的点，也和其他家长的没有太大差异，左不过就是在哪儿读，读公立的还是私立的学校，什么时候出国留学更合适，诸如此类，连选专业什么的都觉得太远了。

何况在我心里，学什么专业、将来从事什么工作那是孩子自己的事，不该我操心。

作为一个母亲，我能做的就是陪伴。

陪他看他喜欢的书，陪他玩他喜欢的车，不会的字教他读，不懂的地方给他讲解，以及陪他们父子俩看车展、看赛事转播、去现场看 F1 大奖赛。

单纯就是陪伴，没有不耐烦，也不会太热衷。

一个小小的变化发生在看完两届 F1 后，我们让冠宇实地体验了一下卡丁车。

我们小时候是没有卡丁车的，公园里只有碰碰车。

碰碰车是一种机动游戏设施，小小的车辆撞来撞去，由接到天花板的垂直电杆取电驱动，只能在相对封闭的室内场地玩，速度很慢。卡丁车则不同，它由油门驱动，有刹车，有专门的赛道，速度快，不以碰撞为目标和快乐源泉。简而言之，卡丁车是一种微型汽车。

得益于 F1 中国大奖赛在上海举办，上海比较大的公园里出现了卡丁车项目，市场上也出现了一些以培训和营利为目的的卡丁车俱乐部。

生长在新世纪的孩子和生活在新世纪的年轻人都有了新的娱乐和挑战。

我们一开始去的是公园里的卡丁车游乐场。这里的卡丁车相对来说速度慢一点，安全性高一些。还有一个原因是我们那时也不知道外面的市场上有可以参加比赛的卡丁车俱乐部。

有一次，公园里的工作人员可能觉得冠宇开车很有感觉，和我们说这个孩子这么小就很有车感，可以去培训一下参加比赛，还给我们推荐了一个可以参加比赛的俱乐部。我们当时听了之后，也很想去了解一下，一方面是以前都不知道还有卡丁车俱乐部这种东西的存在，居然还能参加全国比赛，感觉很新奇；另一方面是我觉得既然叫俱乐部，那肯定是一群都很喜欢赛车的人在一起玩，大家比较专业，相信也会更有意思，所以我们在某个周末就去了。当时因为错过了一个路口，还差一点没找到。

但其实冠宇第一次与卡丁车的亲密接触并不愉快，一下车就嚷嚷着不想玩了，脸色都有点发白。他的第一感觉是太快了，太晕了，算了，不玩了。

我当时脑子里冒出一个成语：叶公好龙。

好笑之余还是要究其原因，发现问题出在冠宇其实是坐车而不是自己开车上。毕竟是第一次接触嘛，所以是我先生陪他玩的，他们开的是双人车，我先生在前面开，他在后面坐。我们很多人都知道的一个事实是，坐车的人会晕车而开车的人不会。而双人卡丁车还是加长版，坐在后面会被甩得更晕。

来都来了，怎么也要体验一下吧，于是我们建议他自己开一次。

我告诉他尝试一下就知道自己到底喜不喜欢了，不喜欢的话也就后悔一次。冠宇也许觉得我说得有道理，就硬着头皮坐到了驾驶座上。结果，自己驾驶单座卡丁车体验了一次之后发现果然不晕，他的兴趣一下子就被提了起来。

自此以后，从公园里的游乐场转到俱乐部，再由俱乐部转战国内、国际赛场，冠宇和卡丁车的缘分再也没断过。只是我们并没有预知未来的能力，在后面的很多年里都只是作为父母陪伴在他身边而已。

皆可尝试，但须选择

很多不熟悉内情的朋友会有疑问：冠宇那么小就跟卡丁车结缘，是不是掩盖了他在其他方面的天分，剥夺了他在其他方面的兴趣？答案是并没有。

在他读小学之前，我们是随便他玩什么的，在他读小学之后，我们也没有规定他不能玩别的。

他的兴趣爱好并不单一，只是花费的时间和精力不同而已。

事实上，在他正式入学成为小学生之前，我也和其他家长一样给他报过各种兴趣班，带他辗转于各种可能的玩耍兼学习场所，他接触过的包括但不限于积木、绘画、弹琴、足球、卡丁车、高尔夫。

因为我并不知道他的天赋在哪里，只能什么都陪他玩，什么方面都看看。

我只是在这个过程中一点一点地做了减法。

因为时间就卡在那里，不管是成年人还是小孩子，每天就只有二十四个小时，每个星期就只有两天周末。什么都玩，只会疲于奔命，最后因为疲惫而厌倦。而且我不希望孩子所有的课余时间都拿去上兴趣班，我希望拥有一些灵活自由的亲子时光，吃个饭啊，散个步啊，出去游玩啊，等等。

所以，我从他上幼儿园大班开始，便让他自己进行选择。

弹琴与踢足球你选什么？选足球。好。

足球与高尔夫你选什么？选高尔夫。好。

高尔夫与卡丁车你选什么？选卡丁车。好。

这个选择的过程其实不算短，其中的每一项都给了他一段充分体验的时光。

有的选择和放弃很容易，比如弹琴。冠宇在弹琴方面很适用一个成语：对牛弹琴。老师手抬起来他按一下，老师手放下他也就跟着放下了，一点主观能动性都没有，到现在都只是"一指禅"——用一个手指头戳戳戳。

我现在偶尔刷到其他小朋友没天赋硬学的视频，都会想起冠宇小时候的样子。

这种放弃不管对冠宇还是对我来说都是一种解脱。

有的选择就显得为难一点，比如足球和高尔夫。他也不是不喜欢，只是没有像对卡丁车这么喜欢。这种放弃就会有一点点残忍的意味，但我还是会让他选。因为这些运动都在室外开阔场地，面积很大，导致单是盯着他都很难很累，而且有的场地还远离市区，往返都需要很多时间。

更重要的是，通过对比和选择，我们都非常清晰地知道了他真正的兴趣所在。

只有真正喜欢的事，做起来才不会觉得累觉得苦，才有坚持下去的决心。

我们都知道喜欢只是天赋能够兑现的前提，真正的天赋是需要在坚持和竞争当中才能最终显现和确认的。不断的坚持难免会感觉枯燥，激烈的竞争也会带来很大的压力，只有真正的喜欢才能抵消和克服这些负面情绪。

我对所谓成功完全不抱期待，当时的我根本就没想过冠宇未来会以此为职业。之所以要他做选择，只是因为当时应该做选择。他将会面临学习和课业的压力，而我也有繁忙的工作。

对冠宇来说，有限的时间和精力要花在真正感兴趣的事情上。

而我自己，并不想成为一个"虎妈"。

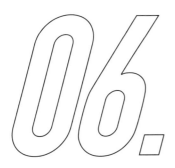

那一点微不足道的辛苦

　　恰恰是需要自己做出选择，使冠宇在很小的时候便懂得了直面自己的内心。

　　不自欺，在我看来也是一个应该养成的良好品质。

　　他在思考的过程中重新回味了自有记忆以来车带给他的种种感受，视觉的、听觉的，好奇心、兴奋劲，以及看上去似乎不值一提但其实特别重要的"辛苦的感觉"。

　　比如我们在前往 F1 中国大奖赛现场的过程中走的很多冤枉路。

　　因为是第一次在国内观看这样的大型赛事，大家都没有经验，对场地范围之广以及配套服务设施之类完全没有概念，也不知道停车得分类停靠，还需要买停车证……以为买张票就万事大吉了。到了现场，我们才发现自家的车只能停在很远的地方，然后走过去。

　　作为当时在大陆举办的最大规模、最高等级的国际赛事，F1 不是独属于上海人的，它还是全体中国人的，更是全球 F1 车迷的盛会，所以观众非常多，远超我们的预期。

　　我们渐行渐远，直到离赛场很远的地方，才终于找到地方停车。

　　停好车之后发现再走回去需要一个小时左右，因为带着小孩子，可能还要更久。

前后折腾了很长时间，还得再走回去，别说小孩子了，就连大人也会在心里哀叹一声，但冠宇硬是一句抱怨都没有，自己走完了全程。

有些朋友看过冠宇当年的照片，便知道冠宇那时虽然年龄还小，但体格壮实，看上去有点圆圆胖胖的，真要抱着走，别说我了，怕是我先生也会头疼，所以我们谁也不说，就让他自己走。走了整整一个小时，我都觉得很累，冠宇也是一脸疲惫，但他的眼睛还是亮晶晶的，满是欢喜。

第一次开车去俱乐部又重蹈覆辙。俱乐部位于一个十字路口附近，入口略隐蔽，车行驶在机动车道上是看不到的，所以绕了很多圈都没找到，我们就打算放弃了，但是冠宇不想放弃。

他说妈妈，我们还有一个方向没去找呢，不行我们把车停下来，走路到里面去找。

孩子都不怕辛苦，我们身为父母有啥好说的，继续找呗，然后就找到了。

这些听上去鸡毛蒜皮、不值一提的小事，实际上很重要，它在很大程度上体现了孩子在这件事上有没有用心，这件事对他来说有多重要。

在我眼里，冠宇和我先生在一起看了多少本有关车的杂志、无意或有意地记下了多少车名型号系列参数、利用各种节假日和生日搜罗了多少汽车玩具和模型，都不如这两个小插曲重要。

虽然只是走了两段路的微不足道的小插曲，但这是他为"喜欢"付出的小小心意。

汗水和坚持，哪怕付出了很少一点，所得也比不需要自己奋斗便能唾手可得的东西珍贵。

虽然只有很少一点，但因为年龄也小，不管喜怒哀乐都会被放大很多，于是这汗水和坚持便会在他的心里占据一角沉淀下去，在需要做出选择和取舍的时候浮现出来，与其他因素融合在一起，最终形成他自己的决断。

直面血淋淋的伤口

对一个几岁的小孩子来说，为了心头好走长路算是考验，可也算不得多大的考验。

真正的考验是进入俱乐部参加训练和比赛后的第一次受伤。

因为游乐场主要以娱乐为主，大部分人只是来体验的，虽然也有会开车的成年人一起竞技，但大家基本都是业余水平，所以游乐场里的卡丁车出于安全考虑有限速措施。

因此，冠宇并没有遭受过什么"毒打"。

可是俱乐部有另外一种体系，它是竞技培训大于娱乐玩耍性质的一个场所。

这里不再有限速，室外赛道及环境都尽量贴近实际比赛的规格，进入这种俱乐部的孩子和家长表面看起来是在玩，但心思和目的都不再单纯，基本都是冲着比赛去的。

天赋和水平如果太差，一般在游乐场阶段就主动放弃或被劝退了。

有勇气到俱乐部来玩的孩子，要么是冠宇这种在游乐场里表现特别优异，大家觉得可以更进一步的；要么是家庭比较豪富，大人喜欢车，孩子耳濡目染，不管技术高低，就图一个刺激和高兴的。所以开起车来的氛围感跟在游乐场里有质的区别。套用武侠小说里的话，就是有了杀气。

冠宇八九岁时母子二人的合影

　　杀气是由速度、冲撞和胜负欲组成的，受伤在所难免。

　　于是，和在游乐场里的十拿九稳不同，冠宇在参加俱乐部第一场月赛时就"挂彩"了。

　　他先是伤了胳膊，倒数第二圈的时候车子链条又断了，不得不靠边停下。

　　从赛场上下来，他对我说："妈妈，就算我的链条不断，我也开不动了，太痛了。"

　　这时我才知道他是带着伤在坚持比赛。因为

之前相撞的是位于他身后的两辆车，从比赛服上又看不到伤口，我们都没注意到，实际上其中一辆车飞起来擦着他的臂膀翻过去时，已经割伤了他的右臂。比赛服解开，看到里面的袖子已经被血粘连在伤口上脱不下来时，我的心突然咯噔了一下。

但这还不是我最心疼的时候，到了医院医生开始清创，看着衣服纤维从皮肉上一点一点被撕扯分离，看着伤口越来越清晰，伤口两边的皮肉都翻卷出来狰狞地展现在眼前时，我才真的有点绷不住了。

因为伤口很深，皮肉外翻，必须缝针。

在不打麻药的情况下直接缝针。

每次想到这件事，我都很内疚和自责。关心则乱，当时为了尽快处理伤口，我没有选择去远一些的大医院或以外科治疗为专长的医院，而是就近去了一家中医院。在冠宇坚称自己能忍下来的情况下，我们选择了直接缝针。

可是我忽略了他当时只是个七岁多的孩子，他以前也没缝过针，并不知道缝针有多疼。

别说缝针了，之前清创把衣服分离开来然后消毒等措施，就不是一般的疼。

那个过程还是让人感觉百爪挠心。

那么难以形容的痛，可他硬是一声不吭地忍下来了！

我只能从他苍白的脸色、密密的汗珠还有眼眶里含着的泪花中感受他的感受。

其实我和医生都不要求他忍，我们都鼓励他忍不住的时候喊出来，但冠宇就像他自己说的那样，像个男子汉一样勇敢地、坚强地承受了这一切。

"痛吧，以后还要玩吗？"我问。

"玩的。"冠宇回答。

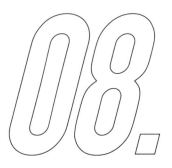

08.

身为母亲的自觉

如果这都不算爱，还有什么可期待？一句歌词改了几个字默默地浮上心头。

既然孩子这么喜欢，作为母亲，我唯一能做的就是继续陪伴。

我们这代人很少有人专门去研究家庭教育。事实上，"亲子关系"和"原生家庭"都是最近十年才冒出来的新词，我们年轻时没有这些概念，但是我好像也没有为这个问题特别苦恼过。

因为我手里握着"文化传承"和"思想开放"两个秘诀。

中国的传统文化里有很多关于教育的思想其实是很好的，比如因材施教、有教无类、学思结合、学以致用、三省吾身等等（还有大家耳熟能详的"伤仲永"之类的故事所传递的教育意义），其实都已经潜移默化地渗透进了千千万万的中国家庭中，只是大家有些做得好些，有些做得差些。

很幸运，我的父母刚好是做得挺好的那类。他们属于同代人中思想较为开明的那类。我从他们那里承接了文化、教养和爱。

当我再将其传递到自己孩子身上时，有些理念就更加明晰了，比如"自由"和"尊重"。

和绝大多数人一样，我也有过叛逆期和青春期，但记忆中留下的伤痕非常少，非常淡，因为我的父母在无关原则和底线的问题上，基本都尊重我自己的想法和决定，极少挥舞"权力"的大棒。

　　很自然地，冠宇在我眼里便不会是一个人形玩偶，更不会是一件为了炫耀可以随意捏揉的雕塑。他是一个独立的存在，思想和个性就是他的本质。每个人都有权利自然地生长。

　　所以，在选择爱好这种问题上，我是不会压制和阻止冠宇的，我尊重他的选择。

　　哪怕我自己本身不喜欢开车，哪怕我知道这项运动有危险。

我能做的就是帮助他找到自己真心喜欢的东西，清楚地告诉他喜欢背后存在的风险，等他自己做出选择和决定之后，陪着他继续走下去。当然，吃了苦头也不能抱怨父母，这个要先说好。

　　疼了可以哭，伤了可以治，哪天不想玩了可以放弃，但是不能怨这怨那。

　　如今回望，冠宇确实很少抱怨，他的心志比同龄孩子要坚毅很多。

　　比赛间隙，他很少和其他小朋友交流，我问他为什么，他的回答是："他们比较幼稚。"

　　我也只能在心里"嘿"一声。代入他的视角和感受，一个从小能自己做主，带着伤能继续比赛，面对血淋淋的伤口能强忍着清创和缝针的孩子，确实是比同龄人成熟了些。

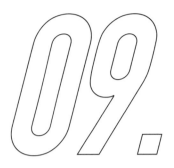

车轮滚滚向前

进入俱乐部玩了大约半年时间,俱乐部经理向我们提议让冠宇参加比赛。

本来以为只是区域类型的比赛,没想到他说的是中国卡丁车锦标赛（CKC）。

我当时就蒙了,要知道冠宇进入俱乐部正式玩车还不到半年,平时也只是参加一些俱乐部自己的比赛,而且在俱乐部这群孩子里还是年龄最小的之一,虽然俱乐部每个月都会有比赛,这个是不分年龄的,大家一起跑,他的成绩也很不错,但怎么就能去参加全国比赛了?

"你确定?"我有点难以置信地问。经理说:"冠宇虽然小,但玩得很好呀。"

我又问了他爸爸,爸爸说:"既然如此,那就让他去试试呗。"

最后就是冠宇自己的意见了,冠宇说:"我想去。"

好吧,想去就去,试试就试试,我也同意了。

于是冠宇踏上了属于他的中国卡丁车锦标赛的征程。

中国卡丁车锦标赛是中国汽车运动联合会（简称"中国汽联",FASC）于1997年创立的全国性最高级别的卡丁车赛事,也是中国唯一一个国家级卡丁车赛事,每年一届,分为三个组别进行比赛,按照国际惯例以分

冠宇九岁时母子二人在上海国际赛车场观看亚洲方程式国际公开赛（AGF）

站赛积分制决定年度成绩。作为 F1 赛事的雏形，很多著名的车手包括车王舒马赫在内都是从卡丁车开始启蒙的。

亚洲卡丁车赛事起步晚，中国更晚，不过时至 2008 年也有了十一届的积累。

在每年一届的 F1 上海站的影响和带动下，中国卡丁车锦标赛的发展速度很快，虽然与欧洲那些卡丁车比赛还没有可比性，但在参赛人数、参赛选手质量以及社会关注度方面都有了很大提升。

因此，也可以说这项赛事就是中国车手的摇篮。现在站在 F1 的平台上往下看，可能会觉得它不值一提，但在当年小小的冠宇眼里那可是高悬半空、熠熠生辉的阶梯。

他见识过 F1，但是望尘莫及，眼下唯一能去跳一跳的就是这道阶梯。

然后他跳上去了，2008 年第一次参加这项比赛时就拿到了 NCJ-A 组的季军，冠宇特别开心。从要不要参加比赛的犹豫到第一次参赛就站上了领奖台，我看到了他自信的笑容。他的表现也让我意外和惊喜。那一刻，我知道他的赛车生涯即将开启。

2009 年，冠宇再接再厉拿到了 NCJ-A 组的年度冠军。

2010 年他更是晋级到 NCJ-B 组，以八站八胜的大满贯成绩拿到了年度冠军。

这个成绩、速度和稳定性本身已经很令人吃惊了，何况冠宇的年龄相比其他选手还很小。NCJ-A 组的参赛者是八到十二岁的孩子，现实是之前就没有八岁能跑进全国锦标赛的孩子，2008 年三月参赛时未满九岁的冠宇已经是同组别中年龄最小的了。NCJ-B 组的参赛者是十二岁到十六岁的孩子，2010 年三月年龄尚卡在十一岁到十二岁门槛上的冠宇同样是组别里最小的，确实让很多人看到了点曙光。

我现在还记得在当年央视最佳车手奖的颁奖礼上，解说员兼主持人沙桐先生把镜头特别给到冠宇，用饱含兴奋和期待的语气向大家介绍冠宇："请大家记住这个名叫周冠宇的小朋友，他很有可能是中国赛车未来的希望！"

往事如渊，温暖依然。

如果沙桐先生能看到这本书，我想对他说一声：谢谢，承您吉言！

2009 年冠宇夺得中国卡丁车锦标赛 NCJ-A 组年度冠军

第一次站上领奖台

凡事第一次经历总是令人难忘一些，站上领奖台也是。

相比较 2009 年拿到 NCJ-A 组年度冠军，以及 2010 年通过大满贯的成绩拿到 NCJ-B 组年度冠军时冠宇表现出来的自信，2008 年第一次参赛就登上领奖台的冠宇的形象，在我记忆中更加清晰一点。我到现在都非常清晰地记得当时站到领奖台上的那个小小的身影，以及他被晒得黝黑的圆脸上萌萌的笑容和眼睛里闪耀着的自信光芒。

他当年的感言也很朴素、真诚：

"2008 年是我第一次参加全国卡丁车比赛，我虽然只开了半年多卡丁车就去参加了全国比赛，但这让我既高兴又紧张。在第一站的比赛中面对那么多比我有经验的车手，我非常紧张，又怕被他们撞到，又担心自己旗语和规则弄错了怎么办，又不想输给他们。反正心里是七上八下的。但当裁判通知我们准备上场时，我就对自己说：什么也别想，反正是第一次，只要发挥出自己的水平尽量不要犯错，完赛能从中学到经验，就算输了也没有关系。当时我就抱着这个想法上场了。没想到最终自己在第一站就站上了领奖台。那时我特别高兴，也对自己今后的比赛增加了很多信心。虽然 2008 赛季已经结束，通过这一年的比赛我学到了很多，我会在今后的比赛中不断努力，

2010 年冠宇以大满贯的成绩夺得中国卡丁车锦标赛 NCJ-B
组年度冠军

不断学习，争取不断进步的。"

现在看上去，这段感言谈不上什么文采，就是一水儿大白话，甚至还有语法错误，但我觉得特别好，因为真实。说实话，我自己的心情也差不多那样。

教练也很高兴，夸他进步快，虽然第一次参加全国比赛就拿了季军的好成绩但是并不自满，总是反思自己在细节上的不足，哪里做得不够好，今后要如何改进和完善，而且从不因自己在组别里年龄小而沾沾自喜——这一条我和教练其实都没能避免，我甚至在刚才写完的那一篇里还专门强调了一下。（如果书里也像网络社交媒体一样可以加表情，这里应该有个捂脸的样子。）

哪怕冠宇后来拿了大满贯年度冠军，他也没有沾沾自喜。

究其原因，冠宇的回答是："国内赛车环境

2010 年获得中国卡丁车锦标赛上海站冠军的冠宇与时任中国
汽联副主席（现任国际汽车副主席）万和平合影

2010 年中国卡丁车锦标赛北京站领奖台，冠宇与其他获奖者
一起庆祝

不太好，车手年龄好像都偏大，我是显得小，但是国外好多车手三四岁就开始摸车了，我跟他们一比就变成年龄大的了。"

在赛车这件事上，冠宇其实比我想得要早、要远。

因为是自己选择的、自己喜欢的事情，冠宇比我用心得多，除了平时的练习和比赛，他还会主动地了解一些关于赛车和车手的新闻和知识，自己默默地感受和比较。

他心里的目标一直都没有局限在国内，他的初心一直停留在五岁半第一次现场看 F1 的时候。

但是 2008 年的我，虽然看到孩子拿了季军非常开心，但对于 F1 是想都没去想，也不敢想。

这玩意也太遥远了！而且当初我在心底确实更多地把它看成一个游戏和爱好而已。

我记得自己当时接受采访说的是："希望我的孩子不要着急、浮躁，扎扎实实地打好基础，稳稳当当地走好每一步，希望他能健康快乐地成长。"

直到 2010 年冠宇拿了大满贯年度冠军，"希望他能健康快乐地成长"都是我心底最真实的想法。

2010 年周宇在中国卡丁车锦标赛比赛中

11.

大满贯之后如何进退

嘴里说着不要着急，不要浮躁，要扎扎实实、稳稳当当，可我们都心知肚明：冠宇是有天赋的。有一个周五，为了考试没有赶上排位赛，他只能从最后位发车，竟也一路追赶拿到了冠军。

十一二岁的年纪拿了全国锦标赛十二岁到十六岁组别的冠军，再谦虚的家长也不能否认他是有天赋的，何况我们这个家庭是绝对不存在压抑孩子天性或打压孩子自信这种行为的。

所以该骄傲骄傲，该表扬表扬，该庆祝庆祝。然后呢？

你都连续两年拿了全国冠军甚至还是大满贯冠军，然后呢？

继续这样一年一年地比下去吗？和那些比你大但是已经跑不赢你的哥哥姐姐比？还是等着那些比你小的弟弟妹妹成长起来追赶你？可是你的年龄其实和那些小朋友拉不开多大的差距。

这就意味着至少数年内在国内卡丁车这个领域，冠宇会一直处于领先的位置。

一年接一年地拿冠军，创下难以超越的记录，几乎是看得见的未来，似乎也是美好的。但我们都知道不进则退的道理，知道如果你的前面没有对手了，会变成什么样子——骄傲、自满、无聊、厌倦，最后就是退步，被人拉下神坛之后，承受各种挖苦、嘲笑和白眼。

类似的人和事我们也见过，有意思吗？肯定是没意思。

如果我和我先生是虚荣的人，或许会任由冠宇一年一年这么比下去，蹉跎他的年华，而自己躺在孩子冠军的光环里得意扬扬。但我们都不是。

如果我和我先生是贪财的人，或许会像某些父母一样将冠宇变成赚钱的工具，趁他还能拿冠军的这些年找个营销机构包装变现。2010年正好是国内社交媒体蓬勃发展的开端，运作好了也许真的能赚很多钱。但我们都不是。

我们都有自己的事业，做得还算成功，不论是精神上还是物质上，我们都不想依靠孩子来获取存在感。我们考量的标准只有一个：孩子是否能健康快乐地成长。

让孩子健康快乐地成长，这是一句很普通的大家也都司空见惯的话，但细究是有深意的。

一是健康。放在冠宇这个个体身上就是赛车这个运动项目对他的身体和精神是否具有正向的影响和作用。通过前面这些年的实践和观察，答案是肯定的。

二是快乐。这个问题前面其实花了不少篇幅讨论过，就是看孩子是不是真心喜欢甚至热爱这项运动，并且从中收获了身心上的愉悦。这里面容易忽视的是后半句，有的孩子虽然也喜欢甚至很痴迷某个东西，但因为天赋、环境、条件种种局限，可能达不到自己的预期，又做不好情绪和心理上的调节，最后收获的就不一定是身心上的愉悦了，搞不好就是单纯的身心上的折磨。好在冠宇是快乐的。

但正如之前所说，这种快乐只是暂时的。

你刚跳上半空中那个熠熠生辉的台阶，正处在阶段性巅峰，当然是快乐的，但是如果止步于此，不进则退，长年累月地蹉跎下去，这项运动带来的正向影响就会逐渐消退，而负面影响则会逐渐凸显，最后导致不好的结果。

所以表面的风光下实际上暗藏着一个关键的坎等着我们跨越。

一边是赛车，一边是学业

除了连续夺冠之后没有对手很可能不进则退的问题，冠宇此时还面临着学业上的问题。

对家长来说，这是一个更实际的问题，没有哪个孩子的父母会不重视学业。

虽然我思想开放，是快乐教育的拥趸，从不勉强冠宇在学习成绩上非要达到多高的分数和位次，但不等于我不重视学业。我也不希望冠宇成为一个除了赛车一无是处的人。所以，我对冠宇在学业上有一个基本要求，那就是学习成绩要在班级平均值以上。

因为如果冠宇的成绩低于平均值，那就是给班级拖后腿了。

尽量做好自己该做的事，不要给别人添麻烦。这是我从冠宇记事起就一直强调的原则。

可是玩卡丁车花了那么多时间和精力，要保证学业上不拖后腿其实很不容易。平时要训练，每年要参加那么多场比赛，基本每个月都要飞一次别的城市，对学习时间的挤压是非常明显的。每逢比赛，我们就得请假，通常需要牺牲周五下午的课业赶到比赛举办地。

与爱同行

2009 年征战中国卡丁车锦标赛 NCJ-A 组时的冠宇

　　一个下午，它不仅仅是时间概念，还意味着某些课程的系统学习被打断。

　　一次打断可能不要紧，一年很多次，这影响就大了。

　　虽然冠宇很听话，知道问题的严重性，基本不需要我督促，自己就会见缝插针地自学和做作业，有时候在飞机上都还在做作业，但在这种情况下要达到我划定的成绩保持在平均值以上的基本要求，还是很辛苦的。毕竟他的天赋和兴趣都在运动以及和运动密切相关的空间感、操作性上。

他可以很轻松地解开九连环，可以很轻松地拼出各种七巧板，也对赛车的仪表盘和数据了如指掌，但在其他方面的表现只能说相对正常。

当然，正常就很好了，这个世界上绝大多数人都只拥有正常的智商和能力，想要出人头地就得付出比别人多得多的时间和精力，所以才有了蓬勃发展的各种补习班和教培行业。可是冠宇连日常学习时间都被压缩了，更遑论去上补习班。结果是可以预见的。因为为了比赛经常会周五请假，所以在学校里周一是他和老师最抓狂的一天——他需要把周五缺的课补上。

事实上，冠宇若不是有点天赋，比赛成绩还不错，又生在我们这个比较开明的家庭，而且学校老师也比较重视学生的全方面发展，否则别说批假条了，怕是隔三岔五就得把我喊去学校教育一番。

毕竟有责任心的老师都会为孩子将来的出路和发展考虑。

而冠宇这种情况在很多人眼里，不说玩物丧志吧，至少也算不务正业。

我知道很多人虽然当面会热情地夸冠宇几句，甚至对我们这种"快乐教育"赞不绝口，但心里其实未必真的这么认为，背后也许颇有微词。我虽然不是很在意别人的眼光，但考虑到冠宇的未来，也不能不认真地思考这些问题。

一个很现实的局面是冠宇2010—2011学年已经是个六年级学生了。

升学考试的压力还只是一方面。冠宇考个不错的中学肯定没问题，这点信心我还是有的。真正的压力和难点是上了中学之后目标在哪里。论赛车，你已经是大满贯年度冠军了，剩下的就是一年又一年的重复；论学业，你在中学还不能保证足够的学习时间，能有什么斩获？

去另一方天地看看

人生就是不断地选择。因为有我这样的母亲，所以冠宇从小就比其他同龄孩子多了一些选择的机会，但相应地也多了一些烦恼。尤其是在面对赛车和学业这样包含了复杂因素的选项面前，他的小脑瓜第一次"宕机"了。

为了确定他在赛车和学业上更侧重哪个，我和他爸爸先交流了一下。

父母看待同一个问题的视角自然是不一样的。他爸爸考虑更多的是安全和兴趣的问题，觉得只要保证安全，孩子喜欢，想做什么就让他去做好了；而我考虑得就会更全面一些，既想顺应孩子的兴趣，也想保证孩子好好读书，既想让孩子获得知识、技能上的进步，还想同时培养孩子健康、良好的生活态度。比如同样是上学，他爸爸认为在哪里上都是上，我就得考虑去哪个国家，哪个城市，哪个学校。

但我们都很默契地认同一点，那就是先听听孩子的意见，看看他自己的选择。

和冠宇的交流过程中，关于赛车的部分他很容易就理解了。他本来自己就搜罗了很多相关新闻和知识，明白国内当时的赛车环境和水平是一个什么样的状况，所以当我们对他说"国内这个行业的天花板就这么高，就算你年年拿冠军，也就那样，当个爱好还行，当作职业发展目标就够呛了"的时候，他虽然有点失落，但还是坦然地接受了。

于是我说："如果只是当个爱好，那你以后就需要把主要精力和时间都投入到学习上来，可以玩，但得适度，可能就要大量缩短训练时长，必要的时候还得放弃一些比赛。"

冠宇就逐渐陷入沉默状态。

我们没有勉强他马上给出答案，关于这个问题的交流与讨论本来就是个持续的过程。

"没关系，你大胆地走自己的路，我和你妈妈是你永远的后盾。"

他爸爸说了简单但很有分量的一句话，我就开始操心其他细碎的问题。我和冠宇相处的时间比较多，日常想起来就聊两句。

终于有一天，冠宇问我："妈妈，如果我还想像以前那样继续玩赛车，可以吗？"

像以前那样继续玩赛车就意味着学习时间会严重不足，那么基本可以预料冠宇在传统的教学－升学考试体系内会彻底失去竞争力，别说高考了，初升高都不好讲。

虽然学校比以前扩招了很多，但是扩招本身也加剧了"内卷"，不论学校、家长还是学生都在疯狂地"卷"，你不仅不跟着"卷"，还要把很多时间拿去玩赛车，结果一定是很难看的。

所以我的答案是："可以，不过你如果要继续玩赛车的话，就要考虑去赛车水平最高的地方。"

"我知道，因为国外赛车水平高，我去了水平高的地方才能继续进步。"冠宇很明白。

但是很快我们就被一个问题难住了："我们要去哪儿？"

是啊，去哪儿这个问题别说冠宇了，我和我先生也不明确啊。于是我和我先生再次进行了沟通，我们知道赛车水平最高的地方是欧洲，经过这几年与卡丁车赛事的接触，我们大致了解到英国在全世界赛车运动中的地位。一方面它是赛车水平最高、配套设施最完善的国家之一；另一方面它与 F1 联系最为紧密，大量的 F1 车队与相关产业聚集于银石赛道周边，连带也使得这里的基础赛事同样具备很高的水平。水平高，配套设施还完善、集中，对我们这种"别有用心"的观光者来说再合适不过了。我和先生决定先去看看。我们当年在公园玩卡丁车的时候，一开始也不知道有可以参加比赛的卡丁车俱乐部。就因为在游乐场玩得好去了俱乐部，现在因为在国内玩得好，去国外看看就变成了顺理成章的事。所以，我们很快便安排了一次赴英旅行。

2011 年冠宇为某杂志拍摄写真花絮

英伦小试身手

2011 年暑假，我们带着冠宇前往英国。

因为目标非常明确，所以我们的心思都不在观光旅游上。安顿好之后，我们主要的任务就是两个：一是寻访当地的卡丁车俱乐部，去实地观摩；二是让冠宇了解当地的人文和环境，看他喜不喜欢。

出乎我们意料的是，英国赛车的氛围特别好，比我们一开始想象的还好。

首先是当地的俱乐部竟然对游客开放。不管你是哪国人，拿的什么签证，在这里能待多久，身份背景什么的一概不论，只要符合规定，交了费用都可以去玩。其次就是这里竟然每个星期都有比赛。

暑假比较长，每个星期都有比赛的话对我们可真是太好了。

按照我们的行程，如果顺利的话，冠宇可以在这里参加四次比赛，简直是惊喜！

这下不单是冠宇，连身为母亲的我都感觉很振奋。

于是我们开始一个接一个地去不同俱乐部咨询。经过咨询我们才发现自己想得还是太美了。俱乐部对随便玩一玩和要参加比赛是两种不同态度。随便玩一玩那是敞开门欢迎，符合要求即可，并没太多限制，但是想参加比赛，那资格审查就严了。

2011 年冠宇为某杂志拍摄写真花絮，妈妈为冠宇整理衣服

冠宇那个中国卡丁车锦标赛八站八胜的大满贯年度冠军就不够看了。

说起来我们一开始的要求还挺高的，好歹冠宇也是一个泱泱大国的大满贯年度冠军嘛，于是我们的目标直指当地最好的俱乐部。结果也很遗憾，人家根本不要我们。虽然人家说得比较委婉，比如位置满了之类，但我们心里很清楚，就是自己入不了人家的法眼。

其实也很正常，中国选手在当时的 F1 国际赛场上几乎没有什么声响。人家连中国选手都没见过，凭什么相信你所谓辉煌战绩？所以我们一点也没沮丧，毕竟情况已经比我们预期的好很多了。

最好的不要就找挺好的，挺好的不要就找还好的，还好的都不要就找收费的不那么好的。

卡丁车俱乐部和车队毕竟是商业项目，也是需要运营的，特别好的车队是有赞助商的，比赛还能拿奖金，所以它们需要的是一个能够拿成绩并且全年参赛的车手。但小车队的运营是需要自己想办法筹钱的。

这就给了我们机会。我们也没觉得自尊心受到打击。

实力不够的情况下谈论自尊心本身就是一件很好笑的事情，谁在乎你脆弱的自尊心？

能比赛就行，能比一场是一场，我们的首要目的就是检验一下冠宇真正的水平。

我们马不停蹄的努力收获了不错的结果，终于有车队愿意接纳我们。之后的三个星期冠宇参加了四场比赛。其中一场是地区性的比赛，其余三场是全国性的比赛。

这个时候，我和冠宇根本不在乎它是什么类型什么层级的比赛。就算是俱乐部的比赛，对冠宇来说也是一种全新的体验：赛道不同、车不同、对手不同、语言和规则也不同，能参与就是一种很好的体验。

第一次参加英国全国性赛事时，我和冠宇都大吃一惊——参赛选手竟然有六十多个。冠宇平时在国内参加比赛，一般只有二十多个选手，看到这么多人简直不要太兴奋。同时我也有点担心，因为当时他的英文还不是很好，开车手会的时候看到他瞪大的眼睛，我相信他是没有听明白的。而且当广播播放入场通知时，他也是一脸迷茫。

因为参赛人数太多所以主办方设置了淘汰赛，最后只有三十个人能进决赛。

在这种情况下我的目标也只是能进决赛。谁能想到冠宇不仅通过残酷的组别循环挑战，最终进入了决赛，还在决赛中跑出了第十一名的成绩？这个成绩让我兴奋不已。第二次比赛冠宇拿了第十二名，第三次比赛居然跑进了前十。

第九名！第九名！！第九名啊！！！

15.

这是一个理所当然的决定

哪怕是现在，回过头去看 2011 年暑假英国旅行这一小段时光，我仍会觉得振奋。

一个英国全国性比赛的第九名，一个在国内根本不值一提的名次，对冠宇和我来说却有着非常重要的意义。在我眼里，其重要性甚至超过了冠宇第一次参加中国卡丁车锦标赛就拿了第三名那次。

说它重要，当然是基于英国与国内巨大的水平差这个前提。

具体水平差多少？这个不方便量化，当时也没有准确的权威的说法，但是明眼人都能看出来。而冠宇和我体会得最为直观，那就是我们这个中国大满贯的年度冠军在英国全国性赛事里，目前最好成绩只是第九。

但我特别满意。我的期望值只是进决赛，二三十名的样子，第九已经大大超出了预期。

而且这虽然是英国赛事，但是选手来自四面八方，各地的车队都有。如前所述，英国是赛车水平最高的国家之一，那就意味着即使是它的地方性赛事，整体水平也是比较高的。在这样高水平的赛事里能跑到前十（可以拿积分），我当然满意了，我特别满意。

这让我觉得冠宇在赛车上是真的有天赋。

2011 年冠宇为某杂志拍摄写真花絮

　　这样说可能有人会有疑问：冠宇在国内第一次参加
全国比赛就拿了分站季军，第一年就拿了年度季军，后
来又是年度冠军又是大满贯年度冠军，你都看不出他的
天赋吗？

　　答案是能，但不一样。以前我当然也会觉得他有天赋，
但仅仅是停留在"玩"或者"兴趣"的层面上。你只是
喜欢这项运动，玩得比别人好而已。可是众所周知，小
孩子喜欢的东西很多，兴趣爱好的变化也很快，阶段性
的玩一玩很难与专业性、职业性的比赛紧密联系在一起。

当时整个国内卡丁车的水平都只是一个"玩"的层次，我凭什么独独对冠宇抱以厚望？

但是在英国的比赛里拿到靠前的名次就不一样了，因为这是赛车水平最高的国家之一。哪怕是地方性赛事，它也是相当专业、正式、高水平的。这个十名左右的位置是有相当高的含金量的。

而且我们是初来乍到的旅行者，什么准备都没有，在语言不通、规则不熟、赛道车辆等其他各种条件都完全陌生的情况下，冠宇直接参与比赛，就能跑到这个成绩，而且总共跑了四场，成绩一次次在提高。我对他的天赋有了更高一层的认知，我会认为他如果是在语言更好、赛道更熟悉、规则也更明白的情况下，一定会更好。他所拥有的天赋是可以在世界赛车这个领域试一试的。

我对冠宇是真的刮目相看了。

于是从英国回来后，我和冠宇进行了第二轮非常认真、正式的讨论。

"你亲眼见过了，亲身试过了，感觉怎么样？去不去英国你自己决定。"

这一次冠宇不再犹豫，他很清晰、坚定地说："我要去。"

但是出国留学也不是一件容易的事，所以我给他打了很多预防针，比如语言不通所以一开始的学习会很难；生活环境不同可能需要很长时间来适应；而且我们在那边也没有什么亲朋好友，遇到问题也没人帮忙，都得自己克服；等等。但冠宇的决定还是没有变，也没有犹豫。

"这么坚定，为什么啊？"我问。

"因为有车开，每个星期可以和那么多人一起开车很开心。"冠宇答。

16.

轮到我做选择了

给冠宇打预防针的同时，其实我也是在给自己做心理建设。

冠宇刚满十二岁，这么小的年纪出国肯定是需要人陪伴的。冠宇父亲一方面是生意过于繁忙，需要国内国外到处飞，另一方面是在日常生活上和其他很多爸爸一样，都比较粗枝大叶。对即将进入陌生国度什么都不熟悉，需要更多陪伴和照顾的冠宇来说，让他去显然不是优选。

最合适的人选当然是我这个母亲。但我们还有一个当时只有四岁的女儿，也需要妈妈的关爱与拥抱。

冠宇在兴趣爱好上受我先生影响比较大，但是在日常生活上显然更信任我，而且在国内参加比赛这几年，我每一场都在现场，我陪着他各个城市跑，对比赛涉及的各种流程和细节也相对熟悉。

这就意味着我无论在事业上还是生活上，都需要做出比以往大得多的改变。

面对改变，成年人有着比小孩子更复杂、更微妙的考量。

冠宇只需要考虑喜不喜欢、想不想去，我要考虑的就太多了。首先是除了冠宇之外的其他亲人我无法兼顾了，其次就是国内的工作也可能要放下。

在这之前，我的工作基本没有中断过，除了因为休产假短暂离开工作岗位外，其他时间我都没有耽误过。陪冠宇全国各地跑比赛虽然也花时间，但比赛都在周末举行，所以影响不大。冠宇能见缝插针地学习，我也能见缝插针地工作，所以一直都还算是游刃有余。

当然，部分原因是新世纪的头十年国内职场风气都还算宽松，不像如今这么"卷"。

但是出国，而且是长时间居住在国外，即使周遭环境再宽松，要想兼顾国内的工作也是不现实的。

对我这样一个自己独立，在孩子教育上也一直强调独立性的人来说，哪怕不缺钱了，长时间离开工作岗位也还是会觉得有点失落和遗憾。但这点失落和遗憾不难克服，因为工作回头可以重续，它并不是非要一以贯之且不可挽回的。

真正不可挽回的是时光，是与至亲分隔、不能朝夕相处彼此陪伴的时光。

亲情和工作不一样，它是不能换的，是一以贯之的，所以就最为难舍。

冠宇当然也舍不得他们，而我在不舍之外还多了一份责任。

年过四十，虽然不想承认，但我偶尔也会不可避免地感觉到一点危机。这份危机不是来自经济上的压力，也不是来自位置的得失，甚至不是来自家庭或感情上的纷乱，它更多是对时光流逝、岁月变迁、一切存在终将随风而去的隐隐畏惧。

因为畏惧，所以珍惜，包括工作，特别是亲情。

平时虽然很忙，但一年中的绝大多数时候每天总是能看见他们，唠叨几句，嘱咐几句，关心几句或者争辩几句，不说爱但爱都在衣食住行的细节里。可是一旦出国，那些衣食住行的细节很多就只能靠嘴说了，终究还是会不同。

我的妈妈已到古稀之年，女儿还只有四岁，先生忙得像个陀螺，我能放心吗？

肯定不放心。但我能让冠宇小小年纪就一个人背井离乡去留学和赛车吗？

更不可能。如果他仅仅是去留学，我可能还会犹豫一下。十二岁出国留学固然太小，但不是没有先例，折中的办法也比较多，可是加上赛车这个因素那就是两码事了。

我是绝对不会让冠宇这么小就孤零零地走进国外赛车场，而身边没有一个亲人的。

机会都是自己争取来的

　　周到细致的考量不等于拖泥带水，事实上，冠宇做出他的决定时，我内心的石头也就落定了。

　　因为我们的决定并非一时的突发行为，它是一个延展性的过程。

　　回头去看，从冠宇开始在兴趣爱好上做选择的时候，这个过程便已经慢慢展开。随着他的一次次选择，赛车这件事在我心里的分量也一点点在增加。为了卡丁车放弃足球，放弃高尔夫，进入俱乐部，参加国内比赛，决定出国看看，在英国比赛小试身手，直至最后做出决定，的确是冠宇自己的选择，但同时他的选择也让我一步步做出了比较清晰的减法。

　　是的，我自己不喜欢开车，但我顺应着冠宇的喜好一直在悄悄地往前移。

　　潜移默化地推动是为了帮助冠宇找到他真正热爱的东西和奋斗目标，但寻找本身只是过程，目标也不是目的，寻找到目标只是第一步，去实现它才是接下来的漫漫征程。

　　悄悄地随他往前移则是母亲的本能和责任，是守护。

　　我们都知道孩子小时候母亲对他的影响很大，如果觉得赛车危险，打心眼里不想让他跨入这个领域，只想他像大多数人一样从事一般性的工作，我随时都可以掐断他与赛车的联系，这很容易做到，他也没有多大的反抗能力，随着时间的推移，等他被其他有意安排或无意邂逅的事物吸引，那赛车这件事便彻底了结了。

我并不觉得这样的教育方式有什么问题，因为每个母亲的性格是不一样的，每个家庭的环境、条件不同，决定了它所能承受的压力也是不一样的，每个孩子的天赋、勇气和成绩差异也很大。

因地制宜、因材施教、因人而异，说的都是这个道理。

我相信绝大多数父母都已经尽自己所能给了孩子最多的付出和最好的培养。但我个人也不倡导把家庭所有资源都给孩子的培养模式，特别是"砸锅卖铁"那种。

量力而行，不透支未来，真实地评估家庭和孩子的能力才是更明智的做法。

这个前提在我们这个家庭和冠宇身上也是一样适用的。

虽然家庭经济条件还行，但我们也没有像打了"鸡血"一样，看着孩子貌似有点天赋，就一头扎进去。我们一直是审慎的、有所保留的、考虑后路的。尤其是我，因为一开始对赛车几乎没有兴趣，所以在某种程度上是以一种旁观者的视角在观察，然后一步步向前走。

如果冠宇天赋不行，成绩普通，动不动就"摆烂"，我可能就会采取另外一种策略了。

所以，与其说是我在培养冠宇，不如说是冠宇在前面拉着我走。他以自己脚踏实地的每一步和优秀的成绩，将自己的天赋展现在我面前，仿佛在说：妈妈，你看我行的。

是他一直在坚持，一直在进步，一直在努力做到最好，才给了我陪他继续尝试的信心。

从这个角度来说，我和冠宇都是幸运的。冠宇有一个还算是思想开明也比较勇敢的母亲，得到了同龄孩子很少能企及的选择权和自由度；而我有一个天赋很高、心志坚定、总是能带来惊喜的儿子，避免了很多可能的纠结和内耗。

既然从一开始就选择顺应孩子的喜好、发掘他的天赋、为他指引方向并尊重他自己的决定，那么就没有半途而废的道理。英国又不是什么龙潭虎穴，那就陪你去闯一闯呗。

生命的互相映照

要特别感谢我的父母！他们在年轻的时候养育我、教导我、陪伴我，在我长大结婚成家之后，为了支持我和我先生的事业，又帮我照顾冠宇。如今冠宇总算长大了些，貌似不用那么操心了，又因为我也要一同出国，于是他们不得不承担起照顾我女儿的重任。

我们这代女性，在各自不同的成长阶段，大都读过舒婷的《致橡树》和三毛的《如果有来生》，心里也希望自己站得笔直、独立行走，不用依靠别人，就能潇洒不羁地成就自己的一番伟业，但真的从校园步入社会，从父母的家步入自己成为父母的家，才知道情感、传承和归属的力量有多么重要和强大。

我的父母到了古稀之年，本该拥有孩童一般无忧无虑的时光，享受子女回馈的关心和照顾，却不得不用自己已显老迈的身板为我们这个小家庭继续奉献。

或许有人会说老人含饴弄孙不也是一种乐趣吗？人老了没事干不也会无聊？

这是一个很大的误解。含饴弄孙和照顾抚养小孩子是两回事。打个不那么恰当的比喻，你高兴的时候回家撸撸猫和陪它们玩一会儿与每天照顾它们不是一回事。满地猫毛就不说了，如果偶尔再给你乱尿一泡，就得耗费你大量时间，并打乱你的情绪和作息。

照顾抚养小孩子可比养个宠物付出得多多了。

你不仅要照顾他们的生活起居、关心他们的头疼脑热，还得注意他们的情绪和心理健康。最重要的是小孩子的精力太旺盛了，对世界充满好奇，什么都想尝试一下，再矍铄的老人家对付起来都会有点心有余而力不足。

我和我先生都非常不好意思，可是又没有别的倚仗，所以还是只能求助他们。

我妈妈一开始听到这个消息后，一个星期睡不着觉，她担心我走了之后孩子如果生病了怎么办，她担心我女儿还那么小她搞不定怎么办，她也担心我们去了英国人生地不熟没人帮助怎么办。因为冠宇是她从小陪伴长大的，她有很多的不舍。

那时我几乎每天都会跟她聊出国这件事，冠宇也会用他还显稚气的口吻开导外婆。

"外婆，您常常和我说要做个男子汉，怎么现在我才出去读个书，您就舍不得啦？"冠宇亲昵地挽着她的胳膊，头靠在她的肩上，笑道。

"你才多大啊"，外婆笑道，"男子汉也不是一天两天，忽然一下就能长成的。"

"我和某些小孩不一样，他们摔个跤还得哭呢，我已经开着车飞一样跑了。"

"看把你得意的！"外婆被逗笑了，神色也轻松了许多，"可我还是担心啊，英国那么远，人生地不熟的，你和妈妈都没有单独在国外生活的经验，可怎么办呀？"

"您不是总说做什么都有第一次，我们去那边生活一段时间不就有经验了嘛。"

见外婆沉吟不语，冠宇又严肃道："我向外婆保证，到了那边一定注意安全，好好学习，体谅妈妈，不给她惹事，不给她添麻烦，经常给您打电话，一有时间就回来看您！"

渐渐地，她听完我们关于这件事的前因后果、考量以及计划，虽然老人家仍会有很多担心与不舍，但考虑到我是孩子的母亲，我需要为我的孩子负责，便没有多说什么，答应了帮忙照顾外孙女。不仅如此，她还反过来安慰我说女儿四岁了，也到了上幼儿园的年龄，我先生也会多抽一点时间回家看看，所以生活上的困难没有我想象的那么严重，让我放心去忙自己的。

从来都是默默付出，不图回报，从来都是有多少力量使多少力量，不去计较。

正是因为我的父母一直是这样对我的，所以我对我的孩子也一样。

他们教给我的生活常识和技能，我也教给了孩子；他们给我自由，尊重我的决定，培养我独立自主的意识，我也这样培养孩子；他们花尽可能多的时间陪我打球、游泳、读书、玩我想玩的游戏，我也尽我所能陪伴孩子；他们要求我正直、善良、谦逊、礼貌、勇敢、淡定、心胸开阔、乐于尝试新事物，我也这样要求和引导孩子。

冠宇的勇气除了源于他自己的天赋和努力，还来自我和我先生。

而我和我先生的勇气，除了源于自己的奋斗和时代的机遇，同样也来自我们的父母。

关于东西方文化尤其是家庭关系一直都有很多争论，我不想也不敢对这个庞大的命题做什么分析和论断，但我知道每一种源远流长的文化都自有其精华所在，扬长避短就能构建自己的体系和传承。至少对我们这个家庭来说，亲情、陪伴和归属感是与自由、独立同样重要的东西。

TWO

梦想静谧又轰隆

谢菲尔德和草莓车队

办理好留学签证，我带着冠宇来到英国的谢菲尔德。

英国人习惯把伦敦以北的区域都称为北部，但其实谢菲尔德在地理位置上位于英国中部，并不偏远。谢菲尔德面积也不小，约 368 平方公里的面积对英国来说已经是特大型城市了，但因为三分之一的城市都是田园式的国家公园，大森林和公园贯穿整个城市，将本来就不大的商业区和生活区切割得更分散，所以它给人的感觉就更小了。

尤其是和上海一比较，那可真是太小、太朴实了。

除了"谢村"的外号，它还有个历史更为悠久的名头——钢铁之城。这个名头很多中国人都有耳闻，而在上海这种居民出国留学和工作的比率很高的城市，知道的人更多，所以身边的亲友都不理解我们为什么会选择这样一个城市留学。但我们心里很清楚：因为冠宇加入的卡丁车车队草莓车队的总部在这里。

因为不了解，所以一开始我们对这个城市完全没有感觉，是一种随遇而安的心态。但是实地走了一遭，辅以专业的咨询，我心里浮起一丝淡淡的窃喜：这竟然是个很好的留学地。

一是安全，谢菲尔德是英国最安全、犯罪率最低的城市，这对远渡重洋

2023 年冠宇重回母校韦斯特伯恩学校

而来、人生地不熟、相依为命的我和冠宇非常重要。二是它
也是英国排名靠前的最佳留学城市。

　　它本身是座大学城，谢菲尔德大学和谢菲尔德哈勒姆大学
都很有名，前者更是培养出过多名诺贝尔奖获得者。再就是当
地居民和学生关系最为融洽。

加上整个城市半掩在峰区国家公园之中，山峦、河流、溪谷——如画般的风景就在家门口，在我眼里，它就是一个名副其实的适合学习的好地方。何况它拥有传说中罗宾汉居住的舍伍德森林，附近还有勃朗特三姐妹的故居，电影《傲慢与偏见》中达西庄园的取景地查茨沃斯庄园。

文艺氛围没有什么实际用处，但是能增加些许亲切感。

不过这些说辞和宣传点对冠宇是不适用的，让冠宇感觉亲切的是这里的体育氛围。

比如这里是世界上最古老的足球俱乐部的发源地，是世界斯诺克锦标赛和英国壁球公开赛的定点举办城市，曾经在1991年承办过第16届世界大学生运动会……

的确，谢菲尔德是英国第一个"体育之都"，这座城市以拥有众多室内户外体育运动设施而著称，拥有完整的体育产业链和很高的体育产业就业率。我们咨询的过程中没人再提起钢铁之城，人们只说它是个体育之城、赛事之城、大学城。

遗憾的是，这个城市被誉为"斯诺克之城"，却没有"赛车之城"的名号。英国那些著名的赛车运动谷、车队聚集区并不在这里，它们分布在牛津等其他地区和城市。这里不仅没有F1这样的顶级赛事，连卡丁车类别的大型赛事也没有。

不过有很好的车队和学校就够了，能开车、能读书，我和冠宇都很高兴。

摇篮

　　"草莓"这个车队名听上去多少有点粉嫩了，但它却是英国排名很靠前的大车队。之所以取这个名字只是因为谢菲尔德盛产草莓，可不代表它的实力会被小觑。

　　事实上，它就是我们一开始瞄准但是被婉言谢绝了的那支最好的车队。

　　他们一开始拒绝我们是因为不相信中国卡丁车锦标赛年度冠军的含金量，不清楚冠宇的真实水平和成绩。好的车队都是很看重名次和积分的，当然不可能随便给你位置和机会。但是随着冠宇暑假那几场比赛的成绩出来，他们的想法也在悄然改变。

　　这就是竞技体育的魅力，实力和成绩是排第一位的。

　　身处同一个围场①，参加同一个赛事，选手们都在同一条赛道上竞争，孰优孰劣是显而易见的。我能看到，这些大大小小的车队的领队也能看到。所以，当我们在几场比赛结束后再去问草莓车队要不要我们的时候，它的负责人毫不犹豫地就答应了。

---

① 围场，指的是 F1 等赛事在赛道内部为赛事参与者开辟的一个封闭工作区域，不对普通公众开放。围场是所有车手、车队、赛事工作者的工作和生活区域，这里是 F1 赛事真正核心的区域，持有许可证件的人员可以进入围场。——编者注

如我之前所说，冠宇在语言不通、规则不熟，甚至车都不太行的情况下都能跑到十名左右的成绩，到了草莓车队自然会更好。加上国内充足的参赛经验和傲人战绩，冠宇给了草莓车队信心。

如果说卡丁车运动是F1车手的摇篮，那么草莓车队和谢菲尔德就是冠宇的摇篮。

我后来才知道一个有意思的说法是，卡丁车运动起源于割草机。

第一次听到这个说法的时候我真是大呼意外，甚至暗暗觉得有点好笑。不过深入了解这项运动的起源之后，我默默地收起笑意，代之以敬意。

先说它的起源。西方家庭几乎每家每户都有割草机，所以卡丁车最早是一些富有创造力的父母在自家后院以割草机为基础改造出来供孩子们玩耍的"玩具"。有了玩具之后，不管是大人还是孩子总是难免会切磋一下，于是慢慢就有了基于割草机改造的"玩具大赛"。

一般规则是在同等时间里，谁跑得最远，谁就是冠军。

但真正意义上的卡丁车运动却起源于二十世纪五十年代的美国，而非欧洲。

当时人们公认的第一款量产卡丁车是由阿特·英格尔斯制造的。此前虽然有很多人制作了卡丁车的雏形但都没能量产。英格尔斯设计了一种结构简单到几乎抛弃了所有外壳的小车子，不仅小孩子能玩，连大人也能坐进去开，这就为卡丁车运动日后成为全民赛车运动打好了基础。

随着卡丁车的兴起和普及，不同的卡丁车公司都设计生产了自己的款式。为了统一标准、便于管理，以及更好地将这项运动推广到全世界，国际汽车联合会（简称"国际汽联"，FIA）于 1962 年创立了国际汽联卡丁车委员会（CIK–FIA）。

1978 年，国际汽联对卡丁车委员会进行了改组，改组后卡丁车运动在全球范围内有了很大的改变，逐渐形成了现代卡丁车运动，并逐渐发展成为培养现代方程式赛车车手的基础和桥梁。1997 年 10 月，国际汽联卡丁车委员会正式更名为"世界卡丁车联合会"。

中国汽联在 1995 年加入这一国际组织并完成接轨工作。

我感受最深的一点是老外真的很爱玩，很会玩，玩着玩着就将其推广到全世界去了。

这里面包含了创造性和商业上的很多因素，都是可以给我们以启发的。

沙漠里的两棵梭梭树

对冠宇来说最困难的一件事就是学习。

他在国内上的是公立小学而非国际学校，在读书上也不是学霸类的，所以英语基础一般，突然来到一个全英语教学的环境，一开始面临的难度和挑战是可以想象的。

这是没有办法的事，就算事先预料到了，现实也不会因为你预料到就降低一分难度。

冠宇在很长一段时间内都处于听天书和神游的状态，分外焦虑。我就安慰他："这些外国同学小时候接受的是'快乐学习'的素质教育，学习不如国内同学刻苦扎实，你只是因为语言的问题暂时落后一些，没关系，说不准除了语言之外，其他科目你已经走在前面了。你现在生活在一个到处都是英语的环境里，这比上多少外语辅导班都有用，所以我们不用着急，认真对待每一节课，顺其自然就可以了。"

和冠宇不同，我面临的困难和挑战则来自日常生活，比如开车。

我本来就不喜欢开车，何况英国这边汽车的方向盘跟国内还是反着来的。到谢菲尔德的第三天，我便被这个问题难住了——车队让我送冠宇去训练，我接到电话的第一反应就是说"好"，但是当我挂掉电话后，我看着车子右侧的方向盘傻眼了，我怎么忘记了这里汽车驾驶舱的设计是和国内相反的。开车走在路上我有一种逆行的感觉。我害怕，我纠结，最后不得不鼓起勇气给车队工作人员打去电话，请他们来接送一下冠宇，我告诉他们我需要一周的时间，一周之后我一定会自己开车接送他。他们善意地答应并帮助了我。谢菲尔德和上海比起来虽然小，却是一个多山的城市，很多山路还挺陡——风景倒是美丽。因为有了这个一周的承诺，所以我没事就开车上街找方向感，顺便看看车是怎样进出环岛的，因为英国非常多的十字路口是没有红绿灯的，全靠环岛转盘，看过《憨豆先生》的应该都知道，我觉得这也是英国的一大特色吧。一周后我兑现了自己的承诺，我做到了。

再就是我们在谢菲尔德很难短时间内交到朋友。

首先是因为几乎遇不到中国人。冠宇此时的年纪太小，很少有中国孩子这么小就出国读书的，所以他在学校以及同龄人中遇不到中国小伙伴。大学里肯定有一些中国留学生，但年龄差距太大，他们的生活和学习几乎都没什么交集。

我也遇不到什么中国人。十多年前的谢菲尔德远没有现在繁华、热闹，更不像现在有这么多的中国公司、中国商店和中餐厅，中国游客也不多。至于外国人，文化差异太大，更不可能轻易走近。

我在这里又是个"无业游民"，没单位，没工作，缺乏必要的场景和共同话题，也没有随便和陌生人搭讪套近乎的习惯，所以大部分时间都是独处。

从一个基本都是中国人的环境，突然变换到一个基本看不到中国人的环境；从一个身边有无数亲朋好友同事同学的热闹环境，突然转换到一个所有人似乎都跟你没什么关系的相对隔绝的环境；从一个做什么事都游刃有余的状态，突然转换到一个做什么事都很无力的状态，不论是我还是冠宇都会很自然地坠入一种软软的无形的下陷压力中。

这种感觉很像从水泥路面或石板路面步入沙地甚至沙漠里的感觉。

可这种感觉越是强烈，我就越是庆幸自己没有因为自私而让冠宇独自面对这一切。因为有我在这里，冠宇还能拥有一些熟悉的东西，比如上海菜、上海话，一个家和妈妈。

自信是一项
被严重低估的素质

学习上虽然困难，但如果家长和老师都不在成绩上对孩子有过高的期待和要求，其实也还好。

冠宇上了几年学毕竟是有点英语基础的，比起去法国、意大利等其他欧洲国家还是要好一些，这也是我们一开始将留学目标定在英国的原因之一。听不懂的在学校可以问老师和同学。科技发达了，电子词典可以随身携带，翻译软件也比以前更好用。

最重要的是，在冠宇就读的韦斯特伯恩学校，无论是学校还是老师，对冠宇这个极其少见的中国小留学生都非常友善；尤其是发现冠宇在体育运动方面还颇为擅长，甚至还会去参加全英甚至全欧洲的卡丁车大赛之后，对他更是给予颇多鼓励和赞赏。

随着语言关逐渐被攻破，冠宇在学校的境况一日好过一日，很快就找回了自信。

文化和氛围的不同会带来很大的改变。国内也重视体育，大体上分为两个方向，一种是以国家培养为主去参加竞技类比赛的职业运动，一种是以强健体魄为目标的日常运动。

国情不同，历史文化底蕴不同，没有优劣之分，只能说冠宇这种对体育

2023 年冠宇在韦斯特伯恩学校与学弟学妹们分享自己的经历

运动特别热衷、对普通学科学习兴趣一般的孩子，在韦斯特伯恩这种学校很容易获得认可和自信。

在条件允许的情况下，为孩子选择一个更容易获取自信的环境，我认为是很重要的。

除了极少数既"天才"又"全才"的幸运儿，我们中的绝大多数人都很中庸，能在某个方面拥有天赋已经是老天格外优待了，理论上就是应该顺其自然、因材施教、扬长避短。比如有些孩子因为先天因素学习很困难但听力异于常人，可以往音乐方面进行培养；有些孩子其他科目成绩都不行但是对绘画特别有感觉，可以往动漫方面发展。

能摆脱传统教育模式，克服普遍存在的望子成龙心态，真正做到顺应孩子天赋、尊重孩子意愿、因材施教的家庭和家长，毕竟还是少数。当父母心里住着"别人家的孩子"，当"别人家的孩子"成为孩子心中一个潜在的敌人，最后导致的结果就是孩子与父母间的双向焦虑。

尤其是在孩子进入青春期后，缺乏自信会带来很多问题。

但这不仅仅是家长的问题，当整个社会都处在"高压"和"内卷"的状态时，普通家长是很难不受其影响的。

冠宇是幸运的，因为卡丁车的缘故，他去了谢菲尔德，他们学校每周有两个半天会安排全校学生出去参加各类户外运动、野外求生游戏，或者和其他学校举办友谊赛。冠宇当时还被选为学校英式橄榄球队成员，也曾代表学校参加谢菲尔德青少年运动会短跑项目并获得奖牌。也许在老师的眼里，他是一个跑得很快的外国小男孩吧。就这样，冠宇在一个体育氛围浓厚、学习上没那么"卷"，学校也会给予孩子更多机会和自信的环境下度过了他的青春期。

2023 年冠宇在韦斯特伯恩学校与学弟学妹们合影

专注自己，做好分内的事

冠宇的生活很充实，平时要上课，周末要进行卡丁车训练或比赛。

刚到谢菲尔德的第三天，他就开始了训练，简直不要太快乐。坐上车队来接他的车与我挥手告别时，他连嘴角都是上扬的，眼睛里也闪烁着雀跃的光芒。

人都是慕强的，尤其是在竞技体育这个圈子，谁都喜欢和比自己强的人切磋学习。

冠宇当时在国内卡丁车青少年组别已经没有对手了，参加全国最高级别的比赛甚至都能从最后发车后来居上拿下冠军，所以这样的比赛对他来说就缺少了一些挑战和乐趣，现在进入一个全新的比赛环境中，将会面对很多水平远高于国内小伙伴的车手，那是相当高兴的。

但生活总是一体两面的，有让你高兴的一面，自然也有让你不怎么高兴的一面。

比如车队很厉害当然令人高兴啦，但是厉害的车队不可能只有一个车手，那么在资源的分配上便会有所倾斜，如果你恰好是不太被重视的那个，就会有点难受。

草莓车队当时有四个车手，冠宇来了之后增加到五个。

虽然听上去好像人数也不是很多，但卡丁车运动采取的是团队协作的模式，除了赛车、服装等硬件可以满足需求之外，对教练、维修技师、后勤工作人员的调配还是比较紧张的。其中一个主要的问题在于这些工作人员都不是全职的，他们的时间需要临时调配。

冠宇是新来的，人家对他一点都不了解，加上还有语言障碍，影响交流和效率，但凡可以选择，人家都愿意选别人。反正都是工作，肯定和熟悉的、认识的、容易交流的人一起工作比较轻松。

所以在相当长的一段时间内，车队能给冠宇提供的资源都是比较少的。

车是旧车，维修技师的资历也比较浅。本来就存在语言、规则和习惯等各种需要学习和适应的东西，尤其是面对的都是从来没跑过的新赛道，加上如今面对的对手，无论是本车队队友还是其他车队的对手，总体水平都很高，所以冠宇在参赛伊始面临着比其他车手更多的压力。

好在这个过程并没有持续很久，进入 2012 年后半段，冠宇的成绩开始突飞猛进。

其中一个重要的原因是冠宇的英语进步了。因为他喜欢赛车，因为必须要跟工程师去交流技术上的问题，所以就有了学习英语的动力，这效果和以前没动力的时候就不一样了。冠宇不仅在学校认真听讲主动交流，周末非训练和比赛的时间也经常留在车队里帮忙做一些事情。与车队工作人员的相处不仅能增加他英语学习和应用的场景，还能帮他熟悉与车辆、赛车相关的技术和专业术语，同时还增加了他们彼此间的了解，让合作关系变得更融洽。

随着"帮工"程度日益加深，冠宇对车本身的了解逐渐深入，与维修技师的沟通也变得更加主动和自信，开怎样的车也不能再阻挡他前进的脚步了。

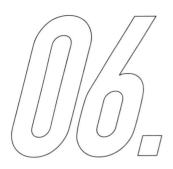

强大内核是怎么炼成的

知道有困难，与真正需要直面惨淡的现实，感受是很不一样的。

来到英国谢菲尔德的第一年，冠宇只有十二岁，在一个还被称为孩子的年龄，就要面临从语言、环境到心理层面的综合考验，这是极具挑战性的事情。如果赛车运动在中国的发展能达到和欧洲一样的水平，我也不想在这个他即将进入青春期的阶段带他出国。

但是冠宇熬过了这个阶段，并且表现得极其优秀。

不论是学校、老师还是车队工作人员，对此都觉得不可思议，有时候也会问我有什么秘诀，我一般都会谦虚地说主要是孩子喜欢赛车，所以珍惜来之不易的机会，但我心里是非常清楚冠宇为什么会有这样的表现和成绩的。

因为他从来就不是在娇生惯养中长大的，从小接受的引导就是朝着独立、自主、学会对自己负责的方向去的。我和我先生不惯着，我父母在帮忙照顾的时候也不溺爱。

摔倒了自己爬起来，我们只会指给他看是地上哪里不平，下次路过的时候要注意观察；只会指给他看为什么他在行进路线上会被东西阻碍，下次路过的时候要么减速，要么拉开距离，绝对不会出现那种摔倒了说地不好、磕到了桌子就拍桌子给孩子解气的画面。

本书作者在 2013 年 Rotax MAX 挑战赛总决赛现场，比赛于美国新奥尔良举办，冠宇最后斩获 125 Junior MAX 组季军

安慰的抱抱可以有，撒泼耍赖是没人理的。

时间长了，孩子就会形成一个基础认知：那些静物是不可能也不应该承担任何责任的，需要承担责任的是自己。静物不能改变，要想不摔、不撞就需要仔细观察。撒泼耍赖不仅没用，可能还会被取笑，自己站起来则能收获温暖的怀抱和温柔的赞许。

这可能就是冠宇自小就觉得自己比同龄孩子成熟的原因。

所以他五岁多能走长路不喊累，七岁多受伤了能忍住疼痛继续比赛。九岁参加澳门站比赛时，因为赛道刚铺了新的沥青，又恰逢下雨，他的护目镜必须要打开一些才不会有雾气，比赛结束后，我看到他的整张脸都被溅起的泥水和沥青的混合物糊满了，满脸都是黑色的，我一看这个情况，就猜到他在大部分比赛时间一定只能凭感觉跑，但他也坚持跑完了。下车后，他的第一句话就是问我："妈妈，我在第几名？我看不见。"

我不心疼吗？我心疼死了。但我也只能忍着。

冠宇忍着的是皮肉和精神上的痛与苦，我忍着的是身为母亲本能的心疼。

如果他没有喜欢上赛车，我可能会顺着自己的本能多呵护他一些，但他喜欢上了赛车，这项运动本来就是非常危险且残酷的，那种表面的口头的心疼就显得不那么重要了。

与肤浅的心疼相比，尊重、理解并支持他的选择才是最深刻的爱。

2013年获得欧洲卡丁车锦标赛年度冠军的冠宇与车队老板、经理、工程师合影

2013年获得欧洲卡丁车锦标赛年度冠军的冠宇与队友一起庆祝

冠宇能感受并认同这种爱，所以每当自己做出选择，便能以最大的毅力去坚持，去克服困难。在国内是如此，到了英国也是如此。文化差异和规则、赛道这些都不是自己能把握和改变的，那就将自己能把握和改变的东西做好，比如学习、技术、训练、增进感情、主动交流。

对待车也一样。冠宇在国内训练和比赛期间我们就不轻易换新车。

这说起来简单，实际做起来并不容易，因为喜新厌旧是普遍心理，尤其是对孩子们来说。别人又换车了，啊，好漂亮，好威风，能不羡慕吗？一般俱乐部或车辆销售经理为了自己的业绩，也希望家长勤换新车，所以刚开始冠宇也会因为羡慕别人，在我们面前念叨。

拒绝一次容易，拒绝两次、三次、更多次就会显得有些无情，但我始终坚持不到非换不可的情况就不换。有一次比赛完车子的底盘断了，经理问我"冠宇妈妈这都不换吗"，我反问"还能修吗"，经理说"可以焊起来"，我当时心里一阵高兴，于是就让他们把车拉到外面，花五十块钱把底盘焊起来，又开了一段时间。

我对冠宇说："不是妈妈抠门不给你买新车，而是只要有钱谁都可以买新车，这算不得你自己的本事，只有把车开好，连旧车都能开好，甚至开着旧车还能超越对手，那才是你真正的本事。"

这固然是价值观上的引导——出生在物质条件还比较好的家庭，就更要注意避免攀比，警惕贪慕虚荣的风气，但同时更是要在冠宇心中扎下一个信念：专注自身。

所有外在的因素都只是锦上添花，即使失败，它们也不是逃避的理由。

这个信念随着冠宇在国内参加的卡丁车训练和比赛日渐深化，然后贯穿了他从英国卡丁车赛车阶段到成为 F1 车手的全过程。

孤独的守望

　　如果说谢菲尔德和草莓车队是摇篮，在国内比赛中获得的成绩和信心是温暖而厚实的襁褓，那么我更愿意将"独立自主、为自己负责、专注自身"这一成长轨迹和信念比喻为一棵树的树心和树皮。因为襁褓总有一天会脱掉，摇篮总有一天会离开，但是一棵树的树心和树皮会随着岁月一直向上生长，永远是它的支撑和保护，直到它长成一棵参天大树。

　　对我来说，不论冠宇最终选择什么职业，这条轨迹和信念都是一样的。

　　事实上，即使来了谢菲尔德，我也不能确定冠宇将来会走哪条职业道路。

　　虽然对他的赛车天赋有了新的认知，但毕竟他只是个十二岁的小小少年，未来的不确定因素太多了。他是有天赋，可国外有赛车天赋的小孩子太多了。所以我从未放弃过冠宇的学业，虽然引领他、帮助他、支持他，但心里始终做好他有一天玩累了不想玩了，或者天赋就停止在某个不上不下的境地无以为继的准备，万一到了那一天，冠宇还是得回到读书这条轨道来的。

　　我倒是不担心他的未来，一个智商正常、成长轨迹端正、心性果敢坚毅的男孩子长大后不论做什么工作都不会差到哪儿去。谢菲尔德的学习氛围和环境很好，冠宇除了上学就是训练和比赛，几乎不存在什么会令人担忧的花花绿绿的诱惑，我的生活因此变得非常简单，甚至无聊和孤独。

2013 年冠宇在位于
谢菲尔德的家中做
的苹果派

　　每天早起做饭，陪他吃饭，送他上学，然后回到家里收拾、整理。中午他在学校吃饭不回家，我就独自出去四处走走，有时候买点菜和生活用品。下午三点多他就放学了，到家做作业，我就做晚饭，吃晚饭——日复一日，单调地重复。

　　好不容易到了周末，冠宇又要去车队训练或者出去比赛，我就会和他一起去赛道。

　　一开始国内还有些工作需要我做决策，后来因为时差和沟通不便影响效率，我干脆都放权给负责的同事自行处理，这日子就更加空闲了。风景再美，多看几次就变得平常了，何况我们通常都是走这几条路，来来回回地看了很多遍。为了让自己每天都有些事情可做，我还会去找一些不寻常的小巷走一走，所以很快把附近的路况都摸透了。

　　我也不是个自讨苦吃的人，没有因为悠闲必须去打份工的想法。

　　而且我很清楚自己来到谢菲尔德的目的就是照顾和陪伴冠宇，凡是会影响到这个目的的事情，我都觉得没有必要。

为了排遣孤寂，我沉迷了一段时间的韩剧。之所以选择追韩剧，是因为韩剧最长，最能打发时间。把能找到的韩剧都追完之后，我猛然间发现自己把简单的韩语也学会了。

你看，这就是兴趣的力量，但凡喜欢一个东西，为之倾注了足够多的时间，就没啥学不会的。

冠宇年龄小，更是如此。语言关过了，国内基础教育扎实的优势就显现出来，学习上的压力减轻了。对规则、赛道等日益熟悉了，比赛成绩也开始大幅提升，所有人对他的态度都变得越来越亲切、友善和尊重。开心的笑容肉眼可见地多了，自信的光芒又重新闪烁在眼里。

冠宇越充实越快乐，就显得我越冷清越孤寂，但我又不可能抛下他回国。

2013 年冠宇在位于谢菲尔德的家中做金针菇牛肉卷

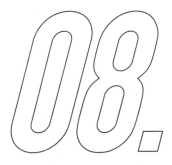

变身"战地记者"

国内虽然卡丁车运动的氛围不行，但硬件条件好啊，尤其是上海这个国际化大都市。

不论是卡丁车俱乐部还是比赛场地，都是绿草如茵、窗明几净，免费的Wi-Fi随便用，有可口的点心供应，夏天有空调，冬天也有暖气，风吹不着，雨淋不到，坐在室内喝着咖啡，训练和比赛场景便能尽收眼底。

能送孩子来玩赛车的家庭，一般家庭条件都还不错，妈妈们聊着当季流行的包包，爸爸们聊着新闻和工作，给人整个感觉就像是一场聚会。

国外玩卡丁车哪有这样优越的条件啊？至少我所见到的环境都挺简陋的。

车队的训练场地除了赛道之外，只有工作必需的车棚、仓库和集装箱车，休闲娱乐设施一律没有，赛道边有时候连个遮风挡雨的地方都没有。有的比赛场地好一点，主办方会准备一间小小的咖啡屋，但那主要是提供给教练和维修技师们的，我这种不出工不出力的哪好意思占用。

何况躲在屋子里就看不到外面的场景了，我不怕吃苦，我知道孩子虽然不喜欢被父母掌控，但温暖的陪伴永远都是孩子想要的。

2013年草莓车队车手合影（右四是冠宇）

与爱同行

车队工程师在英国卡丁车锦标赛赛前鼓励冠宇

　　所以我搞了一个简便"行军包"，里面装着太阳镜、太阳帽、风衣、野餐垫、保温杯、相机。一开始还准备了伞，但是后来发现用不上，因为英国天气很多变，一会儿下雨一会儿晴，不用打伞。出太阳的话，大家都开心死了，晒还来不及，谁打伞啊，而且打着伞容易遮挡别人看比赛的视线，所以我也只能入乡随俗，跟着一起淋雨一起晒。

　　赛道都很偏僻，所以吃住都很差。吃的都是冷食，一般就是冷面包夹块肉。住的是那种九十厘米宽翻个身就可能掉下去的床。其他设施更不用说了，基本睡不好。

　　收获就是母子相处的时间大大增加，共同话题越来越多，还攒了大量珍贵的照片。

　　除了我们自己，根本没有其他任何人和媒体会关注、在乎一个远赴英国进行卡丁车训练和比赛的中国孩子。即便2013年拿了两项卡丁车顶级赛事的冠军，也只有主办方统一摄制

　　　　　　　　　　　　　　　　　　　　　　　　　与爱同行

2013 年冠宇作为主角参与英国卡丁车锦标赛年度冠军颁奖活动

的比赛视频还留存至今。其他的照片和花絮主要都靠我们自己来拍。

在当时的亚洲，日本的赛车水平也比较高，所以日本人比较重视赛车项目，他们的选手参加比赛时会有一个三四人的团队跟着，有的负责拍摄，有的负责报道。

冠宇的大部分比赛就只有我一个人陪着，通常每一次比赛都要走很远的路。

找到发车位后，我就把三脚架架好，帽子往下一拉，调整完镜头远近，就趴那儿等着起跑的那一瞬间。拍完发车位，又爬到视野比较好的山头去拍全景或远景，然后再回到终点位拍冲线和下车之类的场景。因为太能跑，又背个行军包，被一些朋友戏称为"战地记者"。我在这个过程中大大提高了自己的摄影跟拍技术，我还开玩笑地和朋友说以后有跟拍就找我，我绝对不会把目标跟丢。

戏称嘛，肯定是不能与真正的战地记者比的，但是同一件事能坚持两三年对我来说真是非常不容易。首先是我已经四十多岁了，腰椎还不好。有段时间，英国天气寒冷，由于到处奔波，我穿袜子的时候连腰都弯不下来，晚上睡不着，白天满山跑，损耗的确比较大。其次是我当时做这些完全没有目的性，谁能想到冠宇有一天会被法拉利看上呢？

我当时的出发点非常单纯，那就是在冠宇还需要我的时候多陪陪他，给他多留下一点回忆。

唯一的动力就是爱与陪伴，你爱赛车，我爱你和你赛车的时光。

团聚的小幸福

　　因为充实，因为热爱，因为有校园和赛场，冠宇适应得比较快，度过前面一年半载的黯淡时光后，他的生活日益变得明媚快乐起来，但是对我来说日子越长越煎熬，主要原因还是寂寞。

　　挑战虽然多，但对我来说并不算什么。方向盘在右侧的车不会开，练练就会了。道路上随处可见的转盘出口设计，多试试就记住了。一开始自己做饭不好吃，跟着视频学，学着学着技术就提高了。一开始摄影技术不好，拍着拍着也就有经验了。背着行军包、扛着三脚架到处跑，跋山涉水，一开始觉得很累，但跑着跑着也健步如飞起来……

　　总之，从一个优渥的享受型环境进入一个事事亲力亲为、条件又比较艰苦的环境的确很难适应，但对我来说都不是很大的问题，也没觉得特别辛苦。

　　然而寂寞真的很不容易排遣。首先是因为文化隔阂，真的很难交到外国朋友，国内的亲友因为时差的问题，联系越来越少，微信等社交媒体当时也不是很普及，所以大部分时间我都需要独处。那段时光大多数时候都是自己一个人，我会想父母，想女儿，想上海的一切。

　　独处真的是一门学问，有人特别喜欢这种状态，但我不太行，尤其是心里还有很多牵挂。

2016 年冠宇和妹妹在新西兰

与爱同行

除了赛车场上的冠宇需要关心和陪伴，千里之外的父母、女儿和丈夫也令我很是思念。有时候妈妈会因为思念我在电话那头哭泣，有时候女儿会因为思念我在视频那头流眼泪，虽然我在当时都能很好地抚慰、舒缓她们的情绪，但是放下电话、关闭视频之后，自己的心里也是空落落的，甚至会闪过我在这边对吗的想法。

　　心里空落落的，却连个排遣的地方也没有。十多年前的谢菲尔德比现在冷清太多了，娱乐设施、商场、购物中心等场所非常少，为数极少的店家下午五六点就关门了。

　　我和冠宇在放学后回到家，做完作业吃完饭就没啥事可干了。出去散步吧天气太冷，而且满目都是阡陌纵横的乡野风光，大晚上的，越走越觉得荒凉，渐渐也不想走了，只能窝在家里搜肠刮肚地回忆一些白日里学校或赛场发生的人和事聊作谈资，或者追我的剧。

　　平日极致的冷清衬托得亲人偶尔的团聚显得极其幸福。

　　先生偶尔的"莅临"就能令我们在谢菲尔德的小家产生蓬荜生辉的效果，暑期他带着女儿一起过来，那更是和过节一样。孩子们的嬉戏、尖叫、闹腾对很多家庭来说是魔音绕耳，对我们这个小家来说却是天籁之音。我和先生在厨房极力卖弄厨艺，冠宇和妹妹时而耳鬓厮磨，时而追逐打闹，真是幸福。

　　为了看比赛的时候大家能吃上热食，也为了妹妹有地方坐不用辛苦站一天，我先生决定买辆房车，自己开车带全家人一起去看冠宇训练和比赛。

　　有了房车那感觉就大不一样了，可以代步，可以休息，还可以做一些简单的热食。最常见的热食就是方便面了，平

冠宇和妹妹在游玩

2016 年母子二人在新西兰

时在国内被视作垃圾食品的东西在训练场和比赛场地那可是最招人喜欢的美味，因为比起清一色的冷面包夹片肉，热腾腾的汤面有时候再加个煎蛋那真是太香了。

看到教练、维修技师和其他工作人员吃得津津有味、眼里冒光，我们也很欣慰。欣慰的同时也会悄悄揶揄一句：论赛车我们中国确实还不行，但论美食我们中国人可是最会享受的，中华民族的饮食文化源远流长。

遗憾的是幸福时光过得飞快，比冠宇的车还快，暑期一结束又只剩下我和冠宇了。

房车虽然好，但驾驶难度太大了，只能停在车库里等着它的男主人再次"莅临"。

2012 年妹妹去谢菲尔德看望哥哥

只有冠军才能被看见

　　总有人说我太谦虚，在他们看来，冠宇在赛车上这么有天赋，我们肯定是着力培养的。可实际上，着力是着力了的，毕竟都陪着他出国了嘛，培养也是培养了的，毕竟一直在进行卡丁车的训练和比赛嘛，但那会儿真的没有去想未来会怎么样，更不敢奢望 F1 什么的。

　　冠宇自己心里那颗种子肯定是一天天、一月月、一年年在慢慢生长的，但我们作为家长已经没那么热血和冲动了，知道江湖不好闯荡，尤其是竞技体育这个行业，竞争太残酷了。

　　天赋得高，心志得坚，运气得好，最残酷的是只有冠军才能被人看见和记住。

　　后面几名也不是不优秀，但他们相对冠军来说获得的关注和未来发展前景差别是很大的。何况是赛车这种在国内刚刚起步、发展还很滞后，因为不属于全民性运动项目，所以在政策、资金等方面几乎没什么国家力量扶持和投入、纯商业化的自负盈亏的产业，以此为奋斗目标性价比是很低的。

　　竞争的残酷性在国外也一样，欧洲玩卡丁车的小孩子非常多，只要有车队就可以去报名参加比赛，但最后能参加方程式赛车的非常少。因为在体育氛围好的国家，特别是那些有赛车运动传统的国家中，卡丁车项目的普及程

　　　　　　　　　　　　　　　　　　　　　　　　与爱同行

度相当高，绝大部分人玩卡丁车可能就和我们在国内打篮球、乒乓球、羽毛球或者踢足球差不多，只是因为喜欢，不会太在乎会不会成为职业选手。

我在做"战地记者"的那段时间，就见过形形色色来看、来玩卡丁车的人。

有自己坐着轮椅来的，有推着婴儿车来的，也有全家男女老幼一起来的。

冠宇当时的维修技师，一个小伙子，他妻子怀着孕的时候就挺着肚子看，后来生了宝宝则推着婴儿车来看。有位老人家，开个很小的炸鱼薯条店，过去用这个店的收入支持儿子玩卡丁车，现在又支持孙子玩卡丁车。

他们大多数都没啥目的，不抱期待，不求回报，就是喜欢。

我本来对赛车一直就谈不上有多强的功利心，在这种环境和氛围的熏陶下，对冠宇就更没多高要求了。

很多人现在都很羡慕冠宇能进入 F1，羡慕我有个成为 F1 车手的儿子，但是有多少父母能像我和我先生这样，在无法预知未来的情况下尊重孩子的爱好和选择，不计回报地陪伴和付出？又有多少孩子能如冠宇这般，小小年纪，为了梦想就敢远渡重洋，到一个完全陌生的国家和城市重新开始呢？

冠宇当时也要放弃很多东西。除我之外其他家人可能一年半载才能见一面，以前的小伙伴回去都变陌生了，在国内遥遥领先的全国冠军到了国外要从后面开始追赶。因为是当时英国卡丁车赛场上唯一的中国孩子，他不再享有国内众星捧月般的待遇，常常被其他选手针对。

尤其是谢菲尔德的天气比较寒冷，现在想起来都觉得那段时光很艰难。

　　当地的房子很多都是那种上了年头的尖顶、石砌、小窗窄而高的传统建筑，看着好看，适合拍照，但住进去就会感觉阴冷异常，本来就不怎么出太阳，出了太阳也照不进屋里。这种老房子的保温和隔音都是非常差的，窗都是用老式木头做的，透着凉风。别说我了，就连冠宇现在提起谢菲尔德，最常挂在嘴边的一句话就是"好冷啊，最热的时候都穿不上短袖"。

　　平时还好，不怕费钱的话在家可以开暖气烘着，但是每次出远门回来那就太难熬了，尤其是冬天。比赛回来或者回国探亲回来，打开门，屋里冷得如同冰窖。由于暖气要重启一天左右，温度才能回升到正常值，我和冠宇每次从国内过完寒假回去的当晚，都是裹着厚厚的毛衣，穿着袜子，再蜷缩进同样冰凉的被子里勉强入睡的。

　　别人出国都是深造或享福去的，我和冠宇却是来自讨苦吃的。

　　有时候仰望星空，也会感叹自己和冠宇如同宇宙里的星星一般渺小，或者比那还要渺小太多太多，不知道他的赛车之路能走多远，不知道我们这样的努力和付出能不能最终点亮一个梦想，但因为心里有爱，所以始终觉得一切充满希望——万一呢，万一我们冠宇哪天就实现梦想了呢。

2013 年冠宇获得英国卡丁车锦标赛分站冠军

2013 年冠宇获得英国卡丁车锦标赛年度冠军

2013年拿了双料冠军

2013年，冠宇终于登上了国际卡丁车赛事的最高领奖台。

足坛有国家队排名，网坛有国际职业网球联合会（ATP）和国际女子网球协会（WTA）排名，赛车界也有自己的排名系统。

不过相比F1和TCR房车赛，国际卡丁车排名系统（IKR）的启用时间相对晚一些。十年前，卡丁车赛事领域车手晋升的路径还不是很统一，大家的选择比较多，只要是参加世界卡丁车联合会认可的国际赛事都可以。除了该联合会旗下的世锦赛、欧锦赛、学院杯卡丁车赛之外，比较有名的还有WSK Promotion旗下的赛事、未来冠军赛，以及Rotax（罗泰克）和IAME两个单一品牌的国际赛事。

这两个单一品牌的赛事因为主办方又是卡丁车引擎制造商，赛事传统悠久，几乎在全球各大洲各个国家都有分支赛事，曾培养了很多优秀车手，所以影响力非常大，是被世界卡丁车联合会认可的国际赛事。与其他国际赛事最大的区别是，它们都只允许参赛者使用自家的引擎。

草莓车队所属的公司是Tony Kart（托尼卡丁车）的英国总代理，而Tony Kart使用的是Rotax生产的卡丁车引擎，所以冠宇很自然地作为Tony Kart的代表车手之一，参加了Rotax Max卡丁车系列赛。

冠宇在 2013 年同时参加了 Rotax Max 英国卡丁车锦标赛和 Rotax Max 欧洲挑战赛，获得了年度双料冠军，成为第一位也是目前唯一一位在欧洲卡丁车比赛中拿到过年度冠军的中国车手。

这对冠宇来说可以算是赛车生涯的第一座里程碑了。他打破了欧洲人对中国车手的看法。

要知道 2011 年刚到英国参加地方性比赛时他还排在十名开外，经过 2012 年一年的历练，他竟然可以在世界卡丁车联合会认可的国际大赛中拿冠军了，所有人都非常惊喜且讶异。

最主要的是，他第一次征战国际赛场就拿了年度冠军，未来的可能性一下就拔高了。

毕竟大多数车手都是从卡丁车起步进而成为职业车手的嘛。

别的品牌我那会儿还不太了解，但 Tony Kart 这个创立于 1958 年的意大利卡丁车品牌旗下就曾涌现过舒马赫、维特尔、特鲁利等 F1 车手，还赢得过二十多次卡丁车世锦赛各组别的冠军。

冠宇现在虽然只拿了个 Rotax Max 欧洲挑战赛的冠军，但以后还是很有希望的。

卡丁车从外形上看比较小，所以很多朋友如果只是抱着手机看看视频，可能会觉得它与 F1 赛车相去甚远。我一开始也是这么以为的，总感觉它就是个超级大玩具，但是自从冠宇进入俱乐部训练，我眼看着他越跑越快直至跑进全国锦标赛，就不那么认为了。

来到英国眼看着比赛更加激烈、车速更加恐怖，就更是不敢小觑。

2013 年冠宇在欧洲卡丁车锦标赛比赛中

2013 年包揽欧洲卡丁车锦标赛冠、亚军的冠宇和队友赛后与车队老板、经理、工程师合影

　　它只是看着小，但制动、离合、变速、马力[1]、重量等都远非"玩具"可比。

　　比如冠宇比赛使用的卡丁车装备了一台 125cc 水

① 马力，原计量功率的单位。1 米制马力等于在 1 秒内完成 75 千克力·米的功，也等于 0.735 千瓦。通常来说，马力越大，汽车的动力越强。——编者注

冷二冲程引擎，最大马力约为 50 匹，配备六速变速箱，百公里加速约为 3.5 秒，极速可达 180 公里 / 小时。

我们平时驾驶汽车才开多快？高速公路限速也只有 120 公里 / 小时。

卡丁车国际赛事里的顶级小车手们有时候能将车开上 150 公里 / 小时。要知道卡丁车除了引擎就是一套钢管架子加四个轮子，几乎没有保护措施，这个速度已经相当危险和可怕了。所以它对 F1 不仅是形式上的效仿，在诸如对赛车科技、车手天赋以及心理的综合考验上都是异曲同工的。

冠宇有这样一个开局，我们真的特别开心，当然会觉得未来可期。

2013 年冠宇在新奥尔良卡丁车年度总决赛赛后和好友合影

2013 年母子二人参加英国卡丁车锦标赛年度冠军庆功宴

与爱同行

忙碌的 2014 年

我们虽然在 2011 年下半年就来到了英国，但正式加入草莓车队并参加全英比赛是有年龄要求的，直到 2012 年冠宇才满足这个条件。虽然在 2012 年英国锦标赛和 2013 年 Rotax Max 系列的英国锦标赛和欧洲挑战赛都拿了冠军，但在此之前，他对国际赛事和国际赛场还是很陌生的，严重缺乏实战经验。

这就是当年中国车手面临的尴尬境地之一。

因为信息闭塞，我们看外面的世界犹如井底之蛙，对国际卡丁车赛事体系一无所知，绝大多数人对这个行业的了解还远不如我们，觉得中国卡丁车锦标赛冠军就已经非常厉害了，等知道外面还有广阔天地再跳出井来的时候在年龄上已经处于劣势了，同时还没有什么国际赛事经验。

就像冠宇，参加国内比赛时在每个组别里都是年龄最小的，看上去牛得不行，出国一看才发现强中更有强中手。你拿了 Rotax Max 欧洲挑战赛的冠军算厉害了吧，但是有人在你这个年龄已经同时拿下了 WSK 欧洲系列赛冠军、KF2 级别冠军以及 KZ2 级别冠军。

同样是 2013 年，你拿了 Rotax Max 欧洲挑战赛的冠军，但是人家已经拿了世界卡丁车锦标赛 KZ1 组的冠军，成了这个领域妥妥的王者并开始为 F1 车队试车了。

身为家长我和我先生倒是不急，冠宇的成绩好得已经超乎我们意料了，但是冠宇自己因为有暗藏在心里的 F1 梦想驱动，其实是着急的，车队想拿积分、名次和奖金也是着急的，所以一看 2013 年的开局和表现这么好，我们赶紧把 2014 年的赛程安排得满满当当。

除了升入 Rotax Max 系列各项赛事的高组别继续比赛，冠宇还参加了世界卡丁车联合会旗下的世锦赛和欧锦赛、WSK 系列冠军杯和大师赛、洛纳托冬季杯（the Winter Cup of Lonato）等各项国际大赛的 KF2 级别的选拔赛。

由于很多国际赛事的参赛选手都是要以自己国家的名义参赛的，所以冠宇要办理中国的赛照，而我们在国外无法亲自前往，又有时差的原因，这就给我突然增加了很多额外的工作，单是为冠宇办理参赛的各种手续就忙得焦头烂额。

2014 年卡丁车阶段圆满收官后冠宇及家人和草莓车队成员合影

冠宇和草莓车队成员一起观看其他组别比赛

　　以前很少有人办理类似的参赛手续，又远隔重洋，只能依靠电话等方式进行联系和沟通，这中间的过程可谓一团乱麻，就连我先生也不得不留在上海随时待命。

　　由于不同的比赛主办国、举办城市和举办时间都不同，我需要协调中国、英国和第三国的不同时间和手续，有时候为了配合不同国家的时差（我也不希望由于我没接到电话而耽误了儿子的手续进展），所以常常需要熬通宵。这个煎熬的过程断断续续长达半年之久。

　　因为长时间昼夜颠倒、生物钟紊乱，几乎没有整段的睡觉时间，那段时间异常辛苦。

　　可再多的辛苦在接到法拉利车手学院的电话之后，都变得不值一提了。

13.

谁还没个"儿法梦"

　　"法拉利"这三个字可能是绝大部分中国人对超跑的最早记忆。很多人可能不知道F1但一定知道法拉利,很多人都在听说F1之前就先听说了法拉利。

　　我还记得1992年法拉利在北京亚运村会展中心进行第一次展卖的盛况。

　　但是比车展本身更受瞩目的,是这辆法拉利被当时的北京首富李晓华先生买下来了,全国各大媒体不论是电视台还是报纸杂志都对这个新闻进行了报道,称得上铺天盖地。

　　如此豪举对当时中国人的心理产生了很大的冲击,也像蝴蝶翅膀一样扇动了全球商业机构对中国消费市场的关注。但这个时候对中国人来说还没有什么"儿法梦",F1赛事的录播还只出现在广东省,进入九十年代中后期也只有北京、上海等极少数地方电视台有零零散散的转播。

　　不过法拉利作为顶级超跑就此深深地在国人心中打下了烙印。

　　随着经济水平的提高,汽车消费逐渐兴起,加上汽车类媒体的传播,世界上各种豪奢汽车品牌逐渐进入国人视野,但法拉利以先入为主的优势和在F1运动中的耀眼表现还是雄霸汽车品牌榜首。

　　尤其是中央电视台从2003年开始直播F1比赛后,F1这项与奥运会、世界杯足球赛并称为"世界三大体育盛事",而且是其中商业价值最高、最刺激的竞技体育运动逐渐被国内观众熟知，而法拉利自此与"红色""冠军""舒马赫""F1"等词语联系在一起，长期占据并影响着人们对于赛车运动的认知。

这里要提一句上海久事公司，是它以近乎无偿的方式将为期十年的 F1 赛事转播权送给了央视。虽然它这么做有自己的考量和计较，但客观上加大并深化了国内观众对 F1 的了解。

也是差不多在世纪之交，广泛意义上的"儿法梦"才在中国悄然滋生。

我先生过年过节送给冠宇的各种汽车模型里也少不了法拉利的车。

当年冠宇趴在家里的沙发上拿着小小的汽车模型，面对心中幻想的赛道念念有词的时候，谁能想到十年以后，他会与真正的法拉利发生联系呢？

冠宇与时任法拉利车队领队多梅尼卡利（现任 F1 CEO）合影

关于法拉利青训

　　法拉利车队虽然底蕴深厚、历史悠久，但最早的时候也没有"青训"这个概念。

　　与其他许多体育运动都有青训体系，从青年队经过筛选向上输送人才不同，赛车运动员的培养基本都由车手自己的家庭完成。自己买卡丁车，自己请维修技师，自己报名参加比赛并承担所有因此产生的费用。

　　不过在 2000 年，一个来自巴西的青年改变了这个境况。

　　这个叫菲利普·马萨的巴西青年同时拿到了意大利雷诺方程式和欧洲雷诺方程式的双料冠军，这样的成绩和天赋受到了很多车队的关注，其中就包括大名鼎鼎的法拉利车队。

　　一番沟通后，法拉利车队将他送到了自己的总部所在地——意大利的马拉内罗小镇。做了一系列的测试后，法拉利车队与他签下了一份长约。

　　从此，他就成了法拉利车队一位秘而不宣的年轻车手。

　　2004 年，马萨被租借回索伯车队代表索伯车队参加比赛，他为索伯车队征战了三年 F1。其间，他还回到法拉利担任了一个赛季的测试车手。直到 2006 年，他才最终以法拉利正式车手的身份亮相赛场。对马萨的这种培养模式成了法拉利车手学院青训模式的雏形。

母子二人在马拉内罗车手餐厅与时任法拉利车手学院总监卢卡合影

　　法拉利车手学院是法拉利车队一项旨在培养自己组织内部年轻车手的人才计划，被选中的年轻车手与法拉利车手学院签订长达数年的合同，由车队负责培训并资助其参加初级方程式比赛，直至其逐步发展成为 F1 车手。

　　拿马萨试水之后，2009 年，法拉利车手学院签下了当时的欧洲 F3（三级方程式）系列赛冠军朱尔斯·比安奇。

　　比安奇当年十九岁，不仅成绩优异而且长相英俊，在法拉利车手学院一亮相便吸引了全世界的目光。

　　他出生于一个赛车世家，曾祖父曾在阿尔法·罗密欧车队做过机械师，爷爷莫罗·比安奇曾经就是一位车手，而叔公吕西安·比安奇更是有名，不仅拿过三次勒芒 24 小时耐力

参加法拉利青训期间的冠宇　　　　参加法拉利青训时期冠宇与芬兰车手
　　　　　　　　　　　　　　　　莱科宁合影

赛的冠军，还在 F1 征战过几个赛季。遗憾的是，莫罗在比赛
中发生事故并被烧伤，吕西安更是在其后的一次测试中去世。
死里逃生的莫罗于是立下了不准家族中的孩子参与赛车的规
矩，但比安奇的超高天赋还是将这个家规打破了。

　　法拉利前 CEO、国际汽联主席让·托德之子尼古拉斯·托
德成了他的经纪人。

　　自比安奇开始，长相英俊、出身汽车世家、天赋高成了
法拉利车手学院未来车手给人的大致印象。

　　2010 年，法拉利车手学院继续招兵买马，众多新秀相继
签约，法拉利就此开启了自己野心勃勃的培养计划。

　　相比这些签约前就在欧洲跑各种比赛，并在一些方程式
比赛中取得一定成绩的年轻车手，在 2014 年以前只跑过卡丁
车比赛的冠宇能够进入法拉利车手学院的法眼，并在 2014 年

夏天刚满十五岁的时候就拿到法拉利车手学院的合同，确实是挺让我意外和兴奋的。但是冷静下来一想，作为那些年里欧洲卡丁车赛场唯一的中国车手，成绩还那么好，获得一些关注和机会也是必然的。

冠宇与巴西车手马萨合影

机会来临的时候
一定要抓住

我们没有多少时间思考，事实上我们也不需要多少时间思考。

和冠宇刚开始玩卡丁车，以及后来是不是要出国继续玩卡丁车时相比，我们的心态有很大不同。冠宇过去的十五年有一半时间都在做这件事，如今有这样的机会我们想不出任何理由放弃。法拉利强大的号召力和车手学院专业的训练，简直就是每个青年车手梦寐以求的。

但凡有丝毫的犹豫都是对这项运动、对自己这么多年努力拼搏的不尊重。

也不是没有牺牲，所有需要选择的节点肯定都是有牺牲的。

这一次需要舍弃的是学业。

来英国进行卡丁车训练和比赛我们是没有放弃学业的。作为赛车运动的基石，卡丁车运动在各个层面都相对简单一点，两头兼顾、两全其美是能够做到的。只要你足够敏捷，在天平的两端反复横跳，可能就不存在平衡不平衡的问题。

但是一脚踏进法拉利车手学院，那就是另一回事了，这是爱好和职业的临界点。

爱好是自己的事，开得好与不好都是玩，虽然加入草莓车队这样顶级的卡丁车车队后也要承担一部分积分的压力，但尽力就好，真的拿不到好成绩

冠宇在 2016 年欧洲 F3 匈牙利站夺得季军后与万和平合影

大不了被劝退，也没人苛责你。毕竟在整个赛车运动体系里卡丁车运动就是块敲门砖嘛，而且车队又不是只有你一个车手。

但是青训体系已经是职业赛事的一部分了。

车手不是一味待在训练室和训练场闭门练车的，他们需要一边训练一边参加方程式赛车不同阶段的比赛。比如冠宇，2014 年 6 月签了合同，2015 年就要开始参加 F4（四级方程式赛车）的比赛了。

从 F4 开始，每一个阶段的方程式比赛都关联到不同汽车厂商和车队的切身利益，这就不是单纯的玩了。从 F4、F3（三级方程式赛车）、F2（二级方程式赛车）到 F1，赛车的马力越来越大，轮胎越来越宽，车身越来越长，空气动力学套件越来越大、越来越多、越来越复杂、越来越精密，速度当然也越来越快。

而这一切"越来越"的背后是越来越多的投入，金钱、时间还有人力的投入。

以法拉利车队为例，它隶属于法拉利公司的竞赛部门，拥有一千多名在职员工，其中负责比赛现场的只有一百多人，其余绝大部分人都驻扎在车队总部，做着赛车研发、市场公关、行政管理等幕后工作。这么庞大的人员结构需要维持，各种昂贵的设备与原材料需要维护和更新，没有巨额的预算是撑不下去的。

不同的车队预算差别非常大，大车队因为预算充足，往往能招徕最出色的车手和其他人才，然后由最出色的车手驾驶着性能最优越的赛车去争夺冠军。这就是顶级赛车运动的基本运行规则，它是一项大集体、高投入但又并非完全天道酬勤的极具风险的竞技性体育赛事。

高投入是需要回报的，收不回成本，亏着亏着就被淘汰了。

而竞技体育最大也最直接的回报就是战绩。

所以参加方程式比赛的车手都是要全力以赴的，容不得你三心二意、反复横跳。

冠宇舍弃学业遗憾不遗憾？对我来说可能是有一点点遗憾。毕竟祖辈、父辈都是他们那个时代的学者，我骨子里对传统教育多少还是有一点点念想。但是对冠宇来说一点遗憾都没有，因为他虽然成绩还行、智商也够，但真的不太喜欢读书。

只有赛车是完全出于热爱，没有任何附加的条件和理由。

我所谓遗憾只是一点点念想加一点点对未知的担忧，是完全不会影响到我对冠宇事业选择上的态度的。

我的态度一直都很明确：培养他独立自主的意识，然后由他自己做选择。

至于学习，在哪儿不能学习？在哪个年龄不能学习？

我是"终身学习"这一理念的坚定支持者。而且我认为的学习不是单纯的知识灌输，更重要的是思维逻辑训练和实践应用。知识的种类、多少都可以慢慢填充，随着互联网的普及、学习方式的进化，这个填充会变得非常简单，但是思维、逻辑、实践和应用却是从每一次的抉择中逐渐清晰和成熟的。幸运的是我和我先生的想法是一致的，我们既然为了冠宇的热爱和梦想来到了英国，现在这个梦想又给了我们一个那么好的机会，我们没有理由放弃。我们认为对十五岁的冠宇来说，他需要从中学到并记住的一点就是——

机会来临的时候一定要抓住。

冠宇参加法拉利车手学院野外骑行训练

THREE

积跬步以至千里

坦然接受自己的不完美

2014 年 6 月，冠宇作为亚洲第一位签约 F1 顶级车队青训系统的职业车手，回到久别的上海参加了一场活动——在上海国际赛车场举行的为期两天的"2014 法拉利赛道日嘉年华"，并官宣了签约法拉利车手学院的消息。

活动上除了展示各个年代的经典车型和 F1 赛车，以及举行两个回合的法拉利倍耐力杯挑战赛之外，冠宇的亮相和接受采访也是最大亮点之一。当时青涩的冠宇皮肤黝黑、脸上冒痘，身穿法拉利青训队服的他坐在台上接受采访，笑容满面，颇有一点衣锦荣归的感觉。

但我知道他其实心理压力还挺大的。与其他已经跑过方程式赛车比赛的签约车手不同，冠宇当时只跑过卡丁车。他当时参加的另外一个 WSK 系列的比赛成绩并不是特别理想。

未能完赛和名次靠后有很多原因，比如对全新赛事的规则比较陌生，比如对新车和新赛道都不熟悉，比如与新教练和新队友没有默契，比如因为签约法拉利车手学院这一转折所造成的各种时间线上的交错以及人际关系上的变化——所有人都知道不能怪他，没有人会勉强他在这种情况下必须拿到奖牌，但拿不到好成绩不能在卡丁车阶段完美谢幕的失落只有他自己品尝得到。

不求上进固然不好，但期待过高也是一种内耗。

冠宇征战 F4 的装备：头盔、赛车鞋和防火手套

　　我们从来不对冠宇施加什么压力，但是因为赛车运动本身自带的竞技性会大大刺激人的求胜欲望，所以冠宇自己有时候也难免心切一点，这很正常，但内耗是没用且有害的情绪，必须清除。

　　所以我们对这个问题进行了一次形式相对轻松，但是内容比较深入的沟通。

　　我说遗憾就是这个世界上最最普遍的东西，再天才的人物都未必能有完美无缺的人生。

　　"最重要的是，我们从来也不是一帆风顺过来的啊。"我说。

　　"嗯，我们刚到英国的时候比这难多了。"冠宇说。

　　随着对过往的回忆，他的神情慢慢地就轻松了许多。

　　跌倒了爬起来就行了，卡丁车阶段的谢幕有点仓促，但好的是方程式赛车阶段的开幕从容一点。如果没有签约法拉利车手学院，我们现在会因为暂时的落后自怨自艾、一蹶不振吗？肯定不会，我们会好好训练，为下一年做准备。那么为什么签约了法拉利车手学院反而患得患失了呢？这其实是对自己的求全责备。

因为觉得法拉利车手学院很了不得，所以希望自己能有一个完美非凡的成绩与之匹配。

可是法拉利车手学院能主动联系并最终签下你已经表明了它的认可，它觉得你配得上。求全责备是因为你潜意识里还在意外界的目光，可是对竞技体育来说外界的目光其实是最不重要的。

对竞技体育来说，只有战绩才是真正的定心石。

想要提升战绩，需要的是反思而不是内耗，内耗是最消磨人自信和意志的东西。

我们不给自己找借口，不逃避现实，不"甩锅"给别人，但也不必在意别人怎么看怎么说。我们只要自己明白为什么，清楚自己的终极目标，踏踏实实，尽力走好眼下的每一步就行了。

冠宇本质上是理智和冷静的，那层薄薄的虚妄一旦被点破，自己很快就想通了。

我内心很庆幸冠宇破除了这道无形的心理迷障，因为进入方程式赛车之后我们才发现这条道路多难走，想不开的话随时都可能卡在某个关口过不去。

2014 年冠宇在上海与时任中国汽联副主席万和平、时任法拉利车手学院总监卢卡、时任法拉利大中华区 CEO 范艾闻一起参加嘉年华活动

从一个小镇到另一个小镇

虽然和法拉利车手学院签了约，但我们还是在谢菲尔德住到了 2014 年年末。

这确实是异常奔波和辛苦的一年。因为赛事太多而且绝大多数情况下需要离开英国前往其他国家比赛，所以很多时候需要辗转到伦敦乘坐飞机。返回时每次下飞机后都需要通关，然后再开三小时的车回到谢菲尔德，迎接我们的又是那个冷冰冰的老房子。

但这是我们应该履行的责任，与草莓车队的合同要完成，冠宇最后一学期的学业也要完成，善始善终是我们应该要做到的。

我和冠宇在 2015 年年初离开谢菲尔德，搬到了意大利的马拉内罗。

这个位于摩德纳的小镇是赫赫有名的法拉利公司和法拉利车队的总部所在地。这个总面积仅 32 平方公里的小镇比谢菲尔德还小，不过对我和冠宇这种大部分时间只蜗居于一隅、过着简单生活的人来说，两者的大小看上去也差不太多。

感受上区别比较大的是气候。这里是地中海气候，冬季温和多雨，夏季也不算特别炎热，住在这里对刚在谢菲尔德熬过三个冬天的我们来说属实相当于度假了。

小镇有着典型的意大利田园风格，石砌的教堂、鹅卵石铺就的小路，民居的屋顶沿袭意大利民间最经典的砖红，在舒缓的群山环绕中显得古朴而温暖。

欧洲大多数小镇在我眼里区别都不大，但我和冠宇因为赛车的关系长居过的两个小镇都很有特色，我们在谢菲尔德的居住区因为被国家公园贯穿、切割形成了它的独特风格，马拉内罗则是因为法拉利元素渗透在四面八方而变得与众不同。

最显著的特征就是街道上、小巷里到处行驶着新旧不同、款式各异的法拉利汽车。

我们当然也不能免俗，将马拉内罗逛了个遍，商店、饭馆、赛道、博物馆，我甚至有一天特意坐在路边喝咖啡，计算十分钟时间自己能看到多少台法拉利。结果是我在十分钟内看到了九台不同颜色的法拉利，确实有点惊到我了——因为冠宇签约了法拉利车手学院，算是法拉利的一分子，这种在城市里游走和观望的感觉与作为普通游客的感觉还是有一点点不同的。

作为一个车手，当然不满足于看看街上跑着的法拉利和博物馆里的展品，所以我们还参观了法拉利工厂。由恩佐·法拉利老爷子创建的老厂房与由法国设计师设计的金属和玻璃构筑的全新组装车间挨在一起，充分展示了法拉利车队厚重的历史底蕴与先进的现代科技。

我印象比较深的一方面是法拉利工厂拥有自己的"风洞"，我虽然不太懂，但听说它是一种研究空气动力学的试验装置，非常厉害。另一方面是引擎装配车间有两个机器人，法拉利给它们取名为罗密欧与朱丽叶，其工作简单地说就是罗密欧拿起气缸盖并用压缩空气加热，而朱丽叶将铝环浸入液氮中，

　　　　　　　　　　　　　　　　　　　　　　　与爱同行

2015 年冠宇和家人在意大利过春节

2016 年冠宇和家人在伦敦过万圣节

然后将零件连接在一起。

　　总而言之，这是个充满故事、很有特色，也很有趣的小镇。

　　可是时间一长，这种除了法拉利就是法拉利，除了披萨就是各种萨拉米的日子又变得枯燥起来。

2016 年母子二人在伦敦家中穿母子装合照

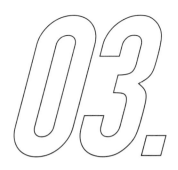

什么都好就是吃不饱

　　与谢菲尔德时期不同，我没有选择留在马拉内罗，每天陪在冠宇身边。

　　第一个原因是冠宇已经开始了法拉利车手学院正规、系统的训练。

　　与在草莓车队不同，这里的训练不再局限在周末而是每天都要训练，课程安排得也非常充实紧凑，除了开车之外，还有体能课、心理课、文化课、技术课、意大利语课等等。

　　这个小镇大部分的当地居民都不会英语。他们要么在法拉利工作，要么为法拉利工作，要么就是已经退休的老人，对他们来说英语也是外语。所以这里并不比我们国内小镇的英语普及率高。不学意大利语，冠宇很难在这里长期生活。

　　第二个原因是冠宇这时候已满十五岁，在我眼里是个小伙子了。与我们刚到谢菲尔德时不同，他现在不仅英语娴熟，而且基本适应了在国外的生活，对训练和比赛的一般流程也比较熟悉了。他对我的需求和依赖降低了很多，这使得我可以拨出一部分时间和精力来照顾家里其他人。

　　比如女儿。女儿三岁到六岁整个幼儿园阶段都没能得到我更多的陪伴。

　　她曾经哀怨地问我为什么别人家的妈妈都是照顾小的而妈妈你却陪哥哥，我自然会找各种理由给她解释，比如你虽然没有妈妈陪在身边，但上海家里还有其他人照顾你啊，可是哥哥在国外条件这么艰苦，比赛又很危险，除了妈妈，身边就没有别的亲人了；比如你有什么问题随时都可以问妈妈，我会教你怎么做、怎么应对；诸如此类。

可理解归理解，心疼哥哥归心疼哥哥，对母爱和陪伴的渴望并不会因此而减少。

她只是因为懂事所以隐忍不说。如今哥哥长大了一些，干练了许多，她又到了上小学的年龄，我的重心自然会发生转移。不过也没有移很远，我只是多拿些时间来陪女儿。

冠宇对我的决定也表示支持，说自己都这么大了，都进入职业赛事了，确实不需要妈妈天天守在身边，还让我多陪陪妹妹和爸爸。于是我在陪他安顿下来过了一段时间后，便离开了马拉内罗，心里想着反正伦敦离得也不远，随时都能回去看他，所以也没有很担心。

可实际上一旦离开就不可能随时、经常地去看他。

冠宇也长大懂事了，知道体谅父母，也学会了报喜不报忧。

我是在多年之后的一次闲聊中，才知道冠宇当时在马拉内罗的生活也不是没有困难，他在法拉利车手学院期间最大的困难就是吃不好，甚至是吃不饱。因为学院是不管食宿的，我们在马拉内罗也是自己租的房子，我在的时候会给他做他爱吃的中餐，我离开之后冠宇的吃饭问题就拜托给了邻居家的妈妈。

邻居家的妈妈五十来岁，人相当和善，所以将冠宇托付给她，我其实是比较放心的，但我忽略了她和冠宇在年龄、饮食习惯方面的差异。她只会做当地食物，而且自己非常自律，吃得很健康，很少量，每天早上一杯黑咖啡，中午也是很简单的食物，基本就是从牛排、意大利面和披萨中选一样。而冠宇正值发育期，胃口较大，但他不好意思说，所以基本就是邻居家吃什么冠宇就只能吃什么。

分量小，食谱单一，冠宇逐渐就没了胃口。后来我才知道平时他都处于半饥不饱的状态。

我内心一直愧疚于在他发育期间没能照顾好他的饮食。虽然我们偶尔会开玩笑地说他一米七六的身高开赛车很合适，但对一个母亲来说，孩子正值长身体、蹿身高的阶段，没吃好吃饱真的是很遗憾的。

比赛就是最好的训练

对冠宇来说加入法拉利车手学院是走向 F1 的重要一步，也意味着开启一段更艰辛的路程。

法拉利车手学院的培训体系早些年对年轻车手是非常严苛的，所谓严苛不仅体现在高强度的训练中，还体现在对年终成绩的考评上：年终成绩不好就会被劝退，车手数量始终保持在四个人，F4、F3、F2 到 F1 每年只向上输送一名车手学员。

用现在流行的话来说就是"非升即走"。

在这种高压下，车手必须以高标准要求自己，全身心投入训练。

一般是从早上九点一直训练到晚上六点。训练的内容包括：模拟器训练——帮助车手熟悉赛车和赛道；体能训练——帮助车手适应比赛强度；反应训练——帮助车手提高专注度和反应能力；上车训练——驾驶真车感受和检验训练效果。冠宇这种刚参加方程式比赛的"菜鸟"还要增加一些与赛车相关的基础知识和技术学习。附加的意大利语课程时间另算，不能影响正常训练流程。

不过对选择了赛车的年轻人来说，苦不算什么，因为这是他们喜欢的事情。

搬来马拉内罗参加正式青训还没几个月，2015 年 4 月第一次征战就开始了。

与 F1、F2、F3 不同，冠宇即将参加的 F4 并不是国际锦标赛，而是地区性赛事。

2015年冠宇在德国F4奥舍斯莱本站获得"最佳新秀奖"

　　国际汽联认证的F4赛事包括但不限于BRDC F4、英国F4（最早名为MSAF4）、德国F4（ADAC F4）、意大利F4、法国F4、澳大利亚F4、日本F4、中国F4。参加这些赛事都有机会获得积分，但它们在名气和圈内重视度上有一些区别。

　　一般来说，欧洲国家的赛事影响力更大一些。一方面是它们从卡丁车阶段就整体上领先，最后进入F1车队的车手相对也多，另一方面就是成本上的考虑。欧洲国家之间路程短、来往方便，来自欧洲的车手当然倾向于就近参赛而不是远渡重洋，何况家门口的赛事整体水平还高。

　　不过在欧洲内部选择参加哪个国家举办的赛事有时候就

2015 年冠宇在德国 F4 红牛环站登上领奖台

ADAC
ADA
CERTIF
POWE
BARTH
Auto
ZEITUNG
DE
PIRELLI
PETRONAS
ADAC
AC
D BY FIA
ED BY ABARTH
Race 1
ADAC GT Masters
Auto

比较有趣了。比如 2015 年参加德国 F4 锦标赛的"车王"舒马赫之子米克·舒马赫和英国车手哈里森·纽维，根据媒体赛前透露出的消息，原本是要参加英国 F4 锦标赛的。这里面也许存在一些策略上的考量，但当年的我们对此一窍不通。

我们当年的想法很简单：我们就跑最高级别的赛事。

我们的信念一直都是要跟最强的比，哪里强就去哪里，和高手比哪怕输了也能从中学到东西。抱着这种信念我们去了谢菲尔德，如今进了法拉利车手学院那更是没啥好怕的，于是就选择了德国 F4 和意大利 F4 两个系列锦标赛试水。

德国 F4 锦标赛时间靠前，所以 2015 年冠宇的 F4 首秀就出现在了奥舍斯莱本赛道上。

强手如云、老将林立的比赛，我们对未满十六岁的冠宇没抱什么奢望，觉得他能正常表现就行。不过在第二场比赛中，他还是给了大家一个小小的惊喜：冲进前十位，名列第八。

与老将没法比，但在新秀车手中却是第一个冲线的，这就够了。

拿到"最佳新秀奖"的奖杯不是最重要的，最重要的是通过比赛能检验自己训练的结果。在这种级别的实战中暴露的问题是平时训练多少遍都难以发现的。

比赛本身就是青训体系里非常重要的环节。

蒙扎大满贯，
十六岁生日狂喜

"我尽最大努力快速掌握这条完全陌生的赛道，我的整体节奏随着赛事进展而逐渐加快。"

"在第二场比赛里，我发车不错，最终获得了新秀阵营的第一名。不幸的是，在第一场比赛里，起步时我的引擎熄火，这影响了我周末的第一和第三场比赛，因为第三场比赛的发车顺序是按照第一场比赛的名次来定的。"

"我觉得我在过去的几天学到了很多，我确信这些经验会在赛季剩下的比赛中发挥作用。"

这是冠宇在德国 F4 锦标赛首秀后的总结。

成绩不值一提，但比赛经验的积累和总结后的提升却是显而易见的。

在德国 F4 锦标赛接下来的两站比赛中，除了两个回合中途退赛外，其余四个回合都冲进了前十，而且名次不错，第二站分别是第三名和第七名，第三站分别是第二名和第九名。

为了集中精力应对意大利 F4 锦标赛，冠宇只在德国跑了三场，但成绩和进步已经非常明显，哪怕只有三站的成绩，最后积分也在四十多个参赛者中排到了第十五位。

相比之下，冠宇在意大利 F4 锦标赛中的开局简直可以用耀眼夺目来形容。

2015 年冠宇在意大利 F4 蒙扎赛道三个回合的比赛中全部夺冠

2015 年冠宇以大满贯成绩拿下意大利 F4 蒙扎站冠军

第一站瓦莱伦加赛道，冠宇以第一回合第四名、第二回合第八名、第三回合第二名的好成绩拿下比赛。第二站蒙扎赛道，冠宇的表现更是惊掉了所有人的下巴：在三个回合的比赛中全部夺冠！

凭借此举，冠宇成了第一位获得国际汽联单座赛事冠军的中国车手。

与我们原本想象的不同，三个回合的比赛发车位是不同的。

F1是全世界唯一一项每支车队都可以独立打造赛车的比赛，赛车本身的差异性是这项赛事的主要魅力之一。但在低级别方程式比赛中，赛车部件是由官方指定供应商统一售卖的，赛车之间的差异主要取决于车队工程师不同的调校、部件的新旧、与车手的匹配度等。

由于统规赛车无法充分考验车手的真正实力和应变能力，所以在低级别方程式比赛中人为增添了一个变数，那就是在其中一个分站会有多回合排位赛或者引入倒序发车的规则。

进入F1后就没有倒序发车了，因为F1不再具有选拔性质，它是全世界最高水平的车手之间的极限竞技，最好的车与最好的车手就应该获得最好的成绩，不应该人为加入影响发车顺位的因素，所以F1比赛中一般只有一场排位赛，由此决定唯一一场正赛的发车顺位。[1]

由于规则所限，一场比赛中要拿到所有回合的冠军是极其困难的，但是冠宇拿到了！

第一回合冠宇在第三位发车，他在经过一番艰苦的攻防战后获得了冠军。

第二回合冠宇在杆位发车，没人超车成功，他顺利地将冠军收入囊中。

第三回合最为艰难，因为是倒序发车。冠宇以第一名的成绩却要从第十位发车，想要拿到冠军不仅不能有任何的失误，还需要经过很多次超车才能获得，冠宇做到了。

[1]根据F1新规，目前有几站的F1大奖赛是同时有冲刺赛与排位赛的。

法拉利官网在赛后撰文报道了冠宇的胜利，用了"不可阻挡"这个词夸赞他的神勇发挥。

　　能在蒙扎这样一条 F1 赛道上夺冠，还是大满贯，冠宇当然特别激动。

　　这是他首次拿到方程式比赛的冠军，首次在欧洲的领奖台上奏响国歌，将五星红旗升上领奖台的最高点，而且一连奏了三次国歌，升了三次五星红旗。别说冠宇了，旁观者都会看得热血澎湃，我更是不停地呼喊他的名字。

　　回想起 2013 年冠宇拿到 Rotax Max 系列欧洲杯卡丁车赛冠军的时候，颁奖礼现场连中国国旗都没有。我们没有经验，没有想到这点，临时也没有地方去买，结果就是冠宇背后升起的旗帜只能是车队所属的英国的国旗。

　　仗着卡丁车阶段练出来的"战地记者"的底子，我一般是在终点等冠宇冲线后，再跑回颁奖台看他登台领奖，没想到跟着他跑了三回。当然，这样的过程重复再多次都不会令人厌倦，我只恨这样的机会太少。要拿冠军毕竟太难了，况

比赛期间冠宇在赛道和工作人员一起庆祝十六岁生日

赛后来自妈妈的迎接和拥抱

2015 年以大满贯成绩拿下意大利 F4 蒙扎站冠军的冠宇展示五星红旗

且还是个单座赛事的冠军。

冠宇能在进入法拉利车手学院后的前半年内就取得这样的成绩，是真的了不起。

尤其是那个获得大满贯的周末正值冠宇十六岁的生日，实在太圆满了。

大家都非常高兴，车队特意为冠宇举办了生日派对，工程师们为他唱起了生日歌，几个具有法拉利配色的生日蛋糕彰显了所有人对冠宇是法拉利成员的尊重，以及对这场大胜的愉悦心情。

以年度亚军的成绩
从 F4 毕业

　　蒙扎站大满贯将我们的期待值拉到了很高的位置，但冠宇在接下来的五站中不再有这般超群绝伦的表现。其实第三站的成绩还是很不错的，第一回合和第三回合都以第二名的成绩登上了领奖台，可惜第二回合因故退赛了。后面几站虽然大部分名次都排在前五，但个别回合遭遇挤撞后再难追赶导致名次下滑，尤其是最后一站三个回合都被针对，整体表现平平，所以总积分被拉开太多，最后只能以七站 223 分的成绩位居年度亚军。

　　只能？写到这里我才意识到原来连我都生出那么一丝遗憾来了。

　　可冠宇实际上只是个一年前还在开卡丁车的新手啊。

　　一个本来还属于"菜鸟"阵营的新手如果拿个年度第四、第五，大家可能会非常满意并大大地鼓励夸奖一番，但是拿了年度第二却可能因为距离冠军太近而令人生出不切实际的奢望来。

　　因为站在结果上回看来路，一切似乎都变得很轻松、很容易、很平常。

　　可事实上冠宇是付出了他的所有时间、精力和智慧才艰难地取得了这样的成绩的。作为当年意大利 F4 锦标赛年度前三中唯一的新秀车手，这样的收官已经堪称完美。

　　这样的成绩不是只有冠宇自己努力就能获得的，很大程度上也要归功于

2014 年冠宇在阿德里亚国际赛道赢得意大利 F4 冬季杯季军

法拉利车手学院严苛但科学的指导和训练。他虽然只是 F4 这一层级的学员，却是与 F3、F2 的学员一起共享了 F1 车手的部分资源，比如体能师、心理师、训练室、课程和器材等等。

法拉利车手学院这个平台让冠宇学到了最好的东西，而且节省了很多的时间。

竞技体育里，除了极少数天赋异禀的天才，任何人要想成功都需要付出大量的时间。

对冠宇来说签约法拉利车手学院是极其重要的一环，不仅缩短了他在卡丁车阶段等待的时间，还因为科学、严谨且高效的培训体系缩短了他在方程式赛车阶段适应的时间。

至少在 F4 这个阶段，冠宇走得比绝大多数车手都顺畅。

当然，冠宇自己也付出了很多，从一个小镇到另一个小镇，名为出国，实际上一直过着非常简单、非常质朴的生活。因为小镇太闭塞，也没有谢菲尔德的大学城和浓厚的体育氛围以及设施，每天就是上课和训练。

若以世俗的眼光来看，这甚至是非常艰苦的生活。

所以当年并没有人因为他后面几站表现得不如蒙扎站而对他横加指责，更不会因为他没有拿到冠军而感到失望，冠宇在 2015 年不存在"屈居亚军"一说，我们当时高兴都来不及。

外界当年对他的表现也是一片赞许。作为 2015 年参加 F4 锦标赛比较受关注的几位车手之一，媒体将他和几位 F1 传奇车手的孩子放到一起比较，这让他没少出风头。

2015 年冠宇获得意大利 F4 年度亚军

追星成功

　　签约法拉利车手学院对冠宇从卡丁车车手升为方程式赛车车手极其重要，但训练和比赛之余给到他精神上最大慰藉的应该是追星成功了——在法拉利车队，他见到了他从小的偶像、西班牙车手费尔南多·阿隆索。

　　冠宇的追星故事大家都比较熟悉了。2005 年的 F1 中国大奖赛上，圆乎乎的他举着阿隆索的旗帜为阿隆索加油的照片曾一度火爆网络，一直到现在，只要提及冠宇，这个追星故事还是会被翻出来，可谓历久弥新。但其实早在 2004 年 F1 中国大奖赛举办的时候，冠宇就知道了阿隆索的名字。

　　2004 年第一次去现场看 F1 时，冠宇还不是阿隆索的粉丝，他只是从杂志上、从他爸爸的嘴里知道有这样一个很厉害的车手。

　　而且 2004 年阿隆索没有夺冠，我们一开始也不知道冠宇竟然从那时候就将这个名字印在了自己的脑海里，等到 2005 年再去看 F1 的时候，他竟然就以阿隆索的粉丝自居，还替阿隆索扛旗助威了。

　　事实上，小孩子对世界的认识和感知远比我们成年人更专注、更清晰，因为他们简单。

　　我记得 2004 年第一回去现场看 F1 时，由于没有经验，我什么也没准备，也不知道准备什么，到了现场才发现原来看比赛是需要耳机的。因为现场声音特别响、特别杂，没有耳机听到的就是一团混乱的超高分贝的噪声集合，轰得脑子都嗡嗡的。

我当时的体验很差，暗自腹诽这还不如躺在家里的沙发上看直播呢。

对冠宇，我也就是用餐巾纸揉了两个小纸团塞到他耳朵里给他降降音，但他看得特别认真，特别入神。因为人太小，视线被大人们挡住了，不过我们也不可能把他抱起来或者举起来，因为那样会遮挡住后面观众的视线，所以他就踮起脚、抬起屁股，从大人们的胳膊肘间钻过去，基本是在一种被压着的状态下看完了整场比赛。

我当时还想，看得这么入神也不知道看不看得懂，心里颇觉好笑。

可实际上好笑的是我自己，冠宇虽然还那么小，但是对赛车却是有自己的主见的。当我们回到家他爸爸和他开始讨论比赛过程时，他虽然还不能表述得头头是道，但至少做到了滔滔不绝。而比赛留给我的印象只是一圈又一圈、一辆车接一辆车，里面坐的是谁我都不清楚。

当我先生问到他最喜欢哪个车手时，他的回答出乎我们的意料，因为他说的不是舒马赫。

他说舒马赫当然很厉害，但人人都喜欢冠军，所以他要支持一下敢于挑战冠军的人，阿隆索虽然今年没有挑战成功，但他是挑战者里最厉害也是最有希望夺得冠军的那一个。听他这么说，我先生非常开心和欣慰，夸他已经触碰到了竞技体育的精神。

冠军只有一个，冠军当然最耀眼，但竞技体育的精神在于敢竞争、敢挑战。

于是 2005 年 F1 中国大奖赛再次拉开帷幕的时候，我们为他准备了阿隆索的旗帜。在上海赛道冠宇为他摇旗呐喊，而在其他赛道比赛时，冠宇则一直守在电视机前为他加油。阿隆索不负众望，在当年击败对手拿下了冠军，这和冠宇当然没啥关系，但冠宇作为"众望"里的一分子，可能是最受鼓舞的那一个。

可以说，阿隆索就是他童年那颗梦想的种子生出的第一条根须。

命运的齿轮转动到 2014 年，冠宇签约了法拉利车手学院，而阿隆索此时还没离开法拉利车队。一个是法拉利车队的头号车手，一个是刚刚通过测试加入法拉利车手学院接受青训的小小少年，冠宇在法拉利第一眼见到阿隆索时，又兴奋又胆怯，想要合影或者签名但又不敢，我们鼓励他见到偶像了就应该勇敢表达他的开心，所以他鼓足勇气，走上前去和阿隆索合了影。

在当时的我们看来，这已经算是追星成功了。

2015 年意大利 F4 收官后冠宇与工程师庆祝

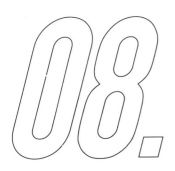

F3 首秀如旭日初升

　　从 F4 光荣毕业的冠宇 2016 年将参加的是国际汽联欧洲 F3 锦标赛。

　　F3 是洲际性大赛，其中以欧洲锦标赛的认可度最高，参赛的车队和车手水平最高，竞争最为激烈。我们按照一贯的调性冲着最强最高的比赛去，那自然就是这个了。

　　那个冬季我们选择了到 Motopark（赛车公园）车队做试车。车队对冠宇的表现非常满意，给了他一个不错的 offer。大家一开始的沟通非常愉快，所以我也顺理成章地选择了 F3 的第一年与 Motopark 车队合作。

　　在短暂的休整后，冠宇挟着意大利 F4 锦标赛年度亚军的余威和气势，很快就投入了 2016 年的训练和比赛之中。

　　在欧洲 F3 锦标赛之前，法拉利车手学院首先安排冠宇代表 M2 竞速车队参加了年初在新西兰举办的丰田赛车系列赛。这是一项单独的赛事，不隶属于 F3，但是与 F3 的级别差不多。

　　因为比赛时间从一月中旬到二月中旬，恰好覆盖了中国的春节，冠宇没能回国与家人团圆，但实战经历很好地帮助他找到了高一级别方程式赛车的感觉，第一次跑类似级别的比赛拿了分站冠军，总成绩排名第六，大家都觉得很不错。

冬去春来，2016 年 4 月 3 日，欧洲 F3 锦标赛的揭幕战在法国勒卡斯特莱的保罗·里卡德赛道正式打响。

勒卡斯特莱这个名字很拗口，很多人不熟悉，但是离它很近的城市马赛很有名，而它所处的普罗旺斯 – 阿尔卑斯 – 蔚蓝海岸大区更是名声大噪。海岸风光、美食美酒，而赛道上大面积的红蓝两色缓冲区从空中俯瞰尤其有艺术气息。

但是抛开这些外在的浮华，只看其中深灰色弯来拐去的那条细线，保罗·里卡德赛道看上去有点令人生畏。我第一次看到赛道图的时候，感觉它很像一把步枪，尤其是枪柄和枪头的形状。

这是冠宇第一次来到法国参加这么高级别的赛事，我也是既兴奋又紧张。

冠宇第一个回合成绩就不理想，排名第十四。我身在看台不清楚比赛途中都发生了什么，更不能干扰比赛，所以只能怀着忐忑的心理等着第二回合开始。好在第二回合成绩不错，是第三个冲线的，我心里一块石头才落了下来。第三个回合排名第八，中规中矩。

首秀便登上了领奖台，又是本场最佳新秀，大家都很满意。

冠宇在第二回合的正赛中表现尤其出色，赢得了大家的一致称赞。要知道他排在第十三位发车，本来是没多少拿分机会的，靠技术和超车能挤进前十就很好了，但是冠宇在一号弯多车碰撞事故的混乱局面下抓住机会，临危不乱，精准地找到行车路线，将自己从泥淖中拔了出来，在随后的绕圈中也拿出了亮眼的速度，在比赛只进行到三分之一的时候就超到了第四位。

比赛还剩十九分钟时，冠宇完成了对第三名的超越，然后在剩余的比赛中稳扎稳打，最终将季军带回。第三回合虽然只拿了第八名，但相对于第十三位发车来说也是很好的表现了。

有成绩便有轻松愉悦的心情，赛后我和冠宇干脆在这个旅游胜地四处逛了逛，算是对春节不能与家人团聚的补偿。不过心系比赛，也只是短暂的休憩，冠宇很快便回到马拉内罗继续训练去了。

很快，本年度欧洲 F3 锦标赛的第二站匈牙利站的比赛开始了。

昙花一现之后逐渐沉寂

匈牙利站开局一般，冠宇在布达佩斯的亨格罗林赛道第一回合还是第八名，但是在后面的两个回合有很大提升，分别是第三和第四名，整体水平和稳定性要强过法国站。

冠宇凭借第二回合的成绩再次登上领奖台。

不过有几位新秀车手的表现非常抢眼。瑞典车手埃里克森拿了第三和第二名，爱沙尼亚车手阿隆拿了第一和第二名，另外两位分别拿了第三回合的第一名和第一回合的第二名，若非这四位里面三位都退赛了一个回合，冠宇的成绩和排名还得靠后。这对冠宇和我还是造成了一些压力。

我们可能不太在意老将们领先，但是对新秀阵营的其他车手是非常在意的。

不过冠宇在前面两站都没有遇到因故障退赛的情况，我们还比较欣慰。考虑到进入 F3 后强手如云，目前这个六回有五回挤进前十，其中三回挤进前五的表现还是可以的。

于是大家高高兴兴地返回，各自休整训练，迎接下一站法国波城站的比赛。

然而在波城赛道，我们遭遇了严重的打击。

波城站的比赛场地是一条街道赛道，主办方在比赛期间将日常的民用公路围成赛道使用。街道赛是赛车比赛中很特殊的存在，因为赛道狭窄没有缓冲区，车手出现失误的话可能就会撞墙退赛。

第一回合正赛就难上加难，因为街道赛还下雨了。冠宇在第一回合正赛中从第十一位发车，最终以第十一名完赛。第二回合正赛天气转好，地面变干，冠宇从第十八位发车已经非常不利，在比赛还剩不到二十分钟时右后轮又爆胎了，轮毂明显变形，最终只能退赛。

第三回合正赛冠宇从第二十位发车，毫无疑问这将是一场艰难的比赛。这还不算，发车阶段又出现了连环多车事故，冠宇也被卷入其中。这一次冠宇没有任何挣扎和挽救的机会，无奈直接退赛。

祸不单行，一次退两回，直接把前面两站的成绩都给拉了下来。

同为 Motopark 车队参赛的埃里克森本场表现也不佳，成绩比前面两站落后了许多。气氛肯定是有点低沉，但大家都知道比赛出状况很正常，尤其是在波城这样特殊的赛道上。

于是大家相互鼓励，彼此打气，寄希望于第四站的奥地利红牛环赛道，期待重整旗鼓。

可是到了红牛环赛道上，冠宇和队友的表现还是很一般。虽然这次没有退赛的情况，但速度提不上来，冠宇只在第三回合抓住机会挤进了前十，排名第七。

倍感压力的车队决定在后面的比赛中改变策略，提高速度，但是冠宇和埃里克森显然还不太适应，在速度明显提升杀回前十的情况下再次因故退赛。埃里克森比冠宇还惨，退赛两回，加上前面一次退赛，和冠宇扯平，可谓难兄难弟。

可是在接下来的五站比赛中两人的差距被逐渐拉开。埃里克森逐渐找回状态并拿到了他在 F3 阶段的首个单回合冠军，最后凭着出色的表现成了 2016 赛季欧洲 F3 锦标赛的最佳新秀。而冠宇虽然在后续几站比赛中再没有出现退赛的情况，但整体表现没什么亮点，只有三个回合排名前十。

整个赛季结束后冠宇排名第十三位，在新秀营里也只能位居第六。而且除了冠宇，排在前面的几个新秀都拿到了自己的首胜……

这样的结果别说冠宇难以接受，我作为母亲也过意不去。

10.

千万别说自己不行

对一个刚满十七岁的青少年来说,这样的打击是沉重的,但出于教养和礼貌,冠宇不习惯向车队和其他人发泄情绪,只能与我唠叨和抱怨几句。

作为母亲,我从来没想过逃避这种令人难过的状况,我选择放下国内那么多人和事陪在他身边,就是为了帮助他应对这些困难的。他心情不好的时候还愿意和我唠叨几句、抱怨几句,对我来说只有庆幸,因为这意味着情况还不是很坏。

我一般会先和他一起吐槽几句,然后顺着话头再往下聊,比如这场比赛天气怎么样、赛道怎么样、车到底是什么问题。因为很多时候都是车出了问题导致的落后或退赛,所以说到车的时候冠宇的情绪会大一点。如果他知道问题所在,那我就只需要听,如果他也不知道问题所在,我就会安抚他:"现在不用急着下结论,我们先去开会,看完数据就知道了。"

"如果问题出在我们自己身上,那么我们没资格生气,认识到问题,下一次改掉就行了。"

"如果问题不在我们自己身上,那也没必要生气,既然不是我们的问题,那我们再看看问题出在哪里。"

"如果问题出在工程师身上,那我们也要相信他们下一次一定会改正和提升，因为我们没办法自己去做，专业的事还得交给专业的人，我们做好自己的事，问心无愧就好。"

诸如此类。

事实上，每次开完会、看完数据之后，冠宇的情绪都会逐渐平复，再与我说起比赛时会变得相对冷静和客观，我们的关注点也会从成绩转移到他在比赛中的表现上。

比如后半程成绩不佳是什么原因造成的。第六站荷兰的赞德沃特赛道比较古老、狭窄，还有许多中高速组合弯，赛道本身有难度又不好超车，发车靠后的冠宇未能拿到积分并不意外。

第七站比利时的斯帕赛道位于山区，是全世界最具挑战性的赛道之一，最高点与最低点的落差超过一百米，加上有很多中高速组合弯，对所有车手和赛车都是极大的考验。第一回合还是雨战，冠宇从第十六位发车，最终以第十七名完赛；第二回合天气转晴之后，冠宇从第十五位发车，以第八名完赛；第三回合天气转阴，冠宇从第十一位出发，以第十一名完赛。总的来说不算差。

第八站是在德国的纽博格林赛道，在这里，冠宇的成绩陷入怪圈，三回比赛都只排在第十二名。但在第九站意大利的伊莫拉赛道，他取得了一点突破，每场正赛都能取得积分，然后在第十站德国的霍根海姆赛道上，他又因发车位太靠后最终一分未得。

再比如前半程的一些节点和亮点。

第一站位于法国的保罗·里卡德赛道，第一回合冠宇虽然只跑了第十四名，但相对于第十六位的发车位来说，他的表现并不糟糕；第二回合就不说了，非常出色；第三回合冠宇从第十三位发车，拿了第八名，也没有问题。

第二站匈牙利的赛道布局比第一站还要紧凑，超车难度更大，冠宇在第一回合别人因为赛车故障引发安全车而落后的情况下慢慢提升着自己的名次，最终以第八名完赛，无可指摘。第二回合冠宇在第四位发车，然后一直与其他车手处在缠斗中，还与英国明星车手拉塞尔展开了精彩的攻防战，并最终内线超车成功拿到第三名，表现可圈可点。第三回合又是雨战，安全车两次出动，冠宇第四位发车，以第四名拿下比赛，已属难得。

第三站波城站战况特别惨烈，本来街道赛就特别陌生和艰难，第一回合还下雨。冠宇在发车位不利的情况下"生存"到了最后，名次也没有落后于发车位，对新手来说已经是不错的表现了。后面两个回合都是因为明显的车损和事故导致退赛的，和冠宇本身的技术没有多大关系。

第四站奥地利的赛道上，冠宇前两个回合表现平平，但在第三回合，他以第十六位发车，乱中取胜，挤进前十，最终以第七名完赛，结束了连续五场正赛未能拿分的尴尬情况。

第五站德国的诺里斯林赛道又是一条街道赛道，但难度略低于波城站。冠宇在吸取波城站的教训后在第一回合表现也有提高，可惜发车不理想，后来虽然追了上去，但在缠斗中由于对手的失误使得右后轮不幸与后车左前轮擦碰，导致赛车失控不得不退赛。

接下来的两个回合中，冠宇很好地稳定住情绪，分别收获了第六名和第四名，成绩也还算不错。

总的说来，冠宇作为刚进入 F3 的"菜鸟"，在 2016 年的整体表现不算差。首先他几乎没有犯错；其次他在机会出现的时候都抓住了，在没有机会的时候也努力自己创造机会，并且有过成功和突破；最后就是他的心智很坚韧，哪怕在成绩陷入低谷的时候也没有放弃挣扎和自救，直到第九站，他都还在不断尝试和突破。

冠宇在顶尖赛场中的顶尖天才里肯定不是最有天赋的，但我相信他的实力绝对不止于此。

学习、赶超，本来就是冠宇一路走来的剧本。

我们不怕暂时落后，我们绝对不会说自己不行。

队伍强弱差别在哪里

冠宇需要提升的地方有很多，但 2016 年的结果肯定不是他一个人的原因。

除了赛事和成绩带来的压力，冠宇的挫败感某种程度上还来源于和车队的沟通。

赛后复盘很重要，事实上每一次比赛后，冠宇在与我沟通之前，都要先与车队进行详细的数据分析和交流。在这个交流的过程中会有一些不和谐的声音出现，他会有情绪。简而言之，车队没有人认为自己的工作有任何问题，而冠宇也不认为自己的操作有什么失误。

都没有问题，那到底是哪里出了问题？冠宇不怕输，但他害怕输得不明不白。

我虽然能安慰冠宇，告诉他不同的声音也是推动进步的因素之一，能陪着他一起分析比赛得失，帮助他重拾自信，但我也深知问题的关键不在这里。如果不能找到影响他速度和发挥的真正原因，冠宇是不可能真正放松的。

但我一开始也很迷糊，毕竟和冠宇一样我也刚接触 F3。

论策略，团队确实没什么问题。论操作，冠宇也没问题啊。

那问题究竟出在哪里？难道是车？可是车队坚称参加欧洲 F3 锦标赛的赛车都是统一标准的，无论是车架还是引擎都是严格按照规定配备的。人家同为新秀的埃里克森可以跑第五，冠宇为什么不行？

冠宇在做赛后总结

　　是啊，冠宇为什么不行？百思不得其解，我只能去请教专业人士。通过业内人士的讲解，我才知道原来看似简单的赛车其实并不简单。

　　比如赛车的标准的确是统一的，甚至连车架和引擎这些核心部件的品牌及其购买渠道都是统一的，但并不是一点差别都没有。最大的差别就体现在赛车所有核心部件的新旧、使用寿命上，除此之外，各种多而零碎的传感器和电子元件也会有差别。

与此对应的是，车手在比赛中也需要与工程师进行更多的沟通。

像 Prema（普雷马）车队这种在初级方程式赛事中处于绝对霸主位置的车队，因为财力雄厚，可以购买最新的部件，可以签约最有天赋的车手，可以聘用最有经验的工程师和工作人员，然后在下一个赛季继续雄霸榜首，无限良性循环。一旦形成壁垒，其他车队就很难突破和超越。

至于小车队，因为资金所限，它们在车和人上的投入与大车队的差别可就大了。

一般而言，能把当年主推的那个车手的车维护保养好就很不错了。

冠宇算是主推车手吗？算是。但不是排在最前面的那个。

谁排在最前面，要看车手进入正式比赛后的表现。

冠宇亏吗？肯定是有点亏的。

亡羊补牢，犹未晚也

现在回过头来反思，有时候在通往梦想的路上，努力重要，但选择也同样重要，尤其是在车队的选择上，但那个时候的我对此的体会还没有之后来得深。

冠宇在 F4 阶段代表 Prema 车队参赛取得了年度亚军的好成绩，按理说升上 F3 之后也应该继续效力于 Prema 车队。毕竟 Prema 车队不仅参与 F3 的角逐，而且还是其中最厉害的一支车队。Prema 车队对冠宇也很满意，双方继续合作本来是顺理成章的，但是我却让他选择了另外一支车队。

其实哪怕冠宇随后和 Motopark 车队签约了，我也还是心向 Prema 车队的。

他代表最好的车队跑过竞争最激烈的意大利 F4 锦标赛，还拿过年度亚军了，食髓知味，这段经历是很难忘怀的。这种感觉相信没有人不懂。而冠宇作为法拉利车手学院慧眼识珠直接从卡丁车阶段选出来的"唯二"学员，法拉利车手学院对他也是寄予厚望的，所以也不愿看着他继续留在小车队。

关于冠宇后面再回 Prema 车队的问题一直在探讨中。

Prema 车队是冠宇进入 F4 的第一个车队，冠宇是在大家共同助力下成长起来的年度亚军，当初车队本来就不想冠宇离开，现在我们想回去自然没什么意外。

虽然宣布是在本赛季结束后，但很多人其实都心知肚明，包括 Motopark 车队。

人家理解你想重回 Prema 车队的心思，同时我们也得理解人家对你的一些微小变化。

我们只能专注在自己身上，做出可能对冠宇最有利的决定。

这才从 F4 升到 F3 竞争压力就如此大了，越往上走越可怕。

山外有山，人外有人，冠宇的 F1 之路远不像我们以为的那么简单，慢慢磨吧。可是当米克宣布签约 Prema 车队，成为和冠宇一起征战欧洲 F3 锦标赛的队友时，我的心还是怦怦地狂跳了起来。

"车王"舒马赫这个名字分量非常重。一个在 F1 征战多年、闻名遐迩、威名赫赫，如今全世界都在盼着他苏醒的名将，他的儿子与一个本来就特别注重天赋、传承以及品牌影响力的行业，两者是那么契合！

有钱人很多，"车王"却没有几个，子承父业再创辉煌是多么完美的故事，寄托着多少人的期望。换位思考，我也举双手欢迎。可是他既是冠宇的队友，也是冠宇的对手，作为冠宇的母亲，我心里是捏了一把汗的。

不过这些年来，我在备受煎熬中最大的收获就是更加明确了"战绩才是一切"的主旨。冠宇当时签约 Motopark 车队的时候不也自带光环。米克的光环当然比当时冠宇的耀眼了无数倍，但光环也只是光环而已，最终还得赛道上见真章。

好歹是霸主 Prema 车队呀，给到冠宇的条件和配备再差能差到哪儿去？

我相信 Prema 车队因为我们之前合作过，更相信冠宇是能抓住机会证明自己的。

13.

流水一样的少年

  2016 年年底，Prema 车队宣布冠宇回归，稍后又宣布米克加盟。加上此前已宣布加盟的英国车手艾洛特和本就在 Prema 车队的德国车手冈特尔，这支霸主车队为参加 2017 赛季的欧洲 F3 锦标赛所筹备的队伍就此组建完毕。

  冈特尔在 2016 赛季拿了年度亚军，仅次于冠军加拿大车手斯托尔，是本赛季的明星车手之一。

  这个德国小伙子驾驶着去年冠军的赛车在赛季初就连续拿下五个杆位，整个赛季中拿下四场胜利，对高速弯角有着非常好的操控感和技巧，冠宇每次复盘的时候都对他赞不绝口。

  如此亮眼的表现，这么好的成绩，如果换作冠宇，我们肯定就不在 F3 阶段继续混了，肯定大张旗鼓地直接征战 F2。不过他和车队显然对冠军执念颇深，所以最终决定留在 F3 赛场再战一年。

  艾洛特 2016 赛季代表范·阿默斯福特车队参赛，获胜两场，年终排名第六。

  在星光熠熠的 2016 赛季，艾洛特并不太起眼，但他却成为上半年冠军的最大挑战者。他的驾驶风格本来是极富观赏性的，但是本赛季没有那么激进，反而多了一些精细的控制。可惜由于失误多了一些，他逐渐和冠军拉开了距离。

但是他天赋很好，在很多人眼里还是争冠的热门车手，冠宇也这么认为。

至于米克，这个和冠宇同年出生年仅十七岁的少年，如今是 Prema 车队唯一的新秀车手。

两人 2015 年在德国站遭遇，曾一同征战过 F4 赛场，但一年后的选择不同，冠宇直升 F3 赛场而米克在多家 F3 车队伸出橄榄枝的情况下依旧选择在 F4 赛场再战一年。2016 年他代表 Prema 车队出战，同时拿下了德国 F4 锦标赛和意大利 F4 锦标赛的年度亚军，光芒四射。

按理说米克当然应该直升 Prema 车队的 F3 车队，但他和其他人不同，他的名气实在是太大了。

鉴于梅赛德斯、红牛、法拉利、迈凯伦、威廉姆斯这些鼎鼎大名的 F1 车队都有招募年轻车手的传统，米克自从进入方程式赛道后就一直备受瞩目，随着 2016 年度在 F4 赛场的亮眼表现，他在赛季后的去向也成为该年度最为外界关注的话题之一。

尤其是他会不会加入"车王"曾经取得过辉煌战绩的法拉利车队是很多人的饭后谈资。

遗憾的是，由于 2015 年颁布 2016 年执行的一项新规，他不能直接跳级到 F1 赛场。

2015 年 1 月，国际汽联出台新规，不再允许年轻车手越级进入 F1 车队，将获取超级驾照的门槛大大提高——年龄超过十八周岁；拥有民用车驾驶执照；拥有至少两年低级别赛事参赛经验；在参加低级别赛事的三年内积分达到四十分。

受限于年龄和积分未能达标，米克不能成为 F1 车队的正式车手，但各大 F1 车队都会为自己储备新秀，它们的年轻车手培训平台都不想错过米克这样的明星少年。事实上他可以选择跳级到 F2 去提前试水，就算先跑 F3，他的去处也很多。

我私心里当然希望他被其他平台和车队挖走，但我也知道他留在 Prema 车队和冠宇一起去跑 F3 比赛的概率是更大的，而且将来他还有可能会加盟法拉利车手学院，所以我对他留在 Prema 车队并不感到意外。

从对手到队友，这也是不浅的缘分。我以前和冠宇说过人生不只有赛车，赛车之外我们也要珍惜一路行来的缘分和并肩作战的情谊，那么就放下所有的私心杂念，好好享受这一程吧。

铁打的 Prema 车队，流水一样的少年，看着青春正好的他们，感觉人生真美好啊。

新赛季也没有奇迹

银石赛道的前身是一座二战时的军用机场。

作为英国赛车工业的发源地，银石赛道从 1948 年开始举办 F1 英国大奖赛，是全球举行汽车赛事最频繁的赛道之一，在 1987 年之后它逐渐成为 F1 英国大奖赛的代名词。

1950 年，第一场 F1 赛事选择在银石赛道举办，银石赛道变成赛车运动的顶级区域，全世界最优秀的赛车团队蜂拥而至，F1 车队中的七支车队都将总部落在银石赛道周围。

银石赛道拥有很长的直线道和高速弯，对车手和赛车来说都极具挑战性，要求赛车有优秀的空气动力装置。艾比弯、普里奥里弯和拉菲尔弯都有相当大的难度，赛道的出发线也非常怪异，并不是每个车手都可以看见出发信号灯。因为列队等候出发的车手们排在一个弯道上，以至排位靠后的车手不能直接看到信号灯，因此必须注意前面车手的动静，见机行事。

总之，这是一个传奇而很有难度的赛道，作为 2017 年欧洲 F3 锦标赛的第一站，非常令人期待。

第一回合就遭遇了阴雨，不愧是英国传奇赛道。由于天气原因，视线受阻的情况更严重了，所以比赛在安全车的引领之下开启，此举不仅能让各位车手在相对慢速行驶的情况下对眼下的赛道条件有一个更好的了解，而且对排在后面弯道发车的车手也相对公平。

安全车引领了两圈之后回到维修区，比赛采取滚动发车的模式正式开始。

此时冠宇位居场上的第七位，这个正赛的发车位相比上个赛季是很大的进步。

不过安全车一撤，激烈的争夺之下，赛道上依旧事故频发。主要原因还是降雨。降水量虽然不算特别大，但车手是使用干地轮胎在相对湿滑的赛道上进行比赛，所以难度不小。

比赛开始十分钟后，安全车再次出动。

这么短的时间内安全车就出动了两次，大大影响了比赛的正常节奏，这已经很令人意外了，而令所有人没有想到的是，在比赛还剩十五分钟时，安全车再次因为事故出动了。

除了事故车，其他车手的顺序几乎没什么变动，约等于怎么出来怎么回去，冠宇还是第七名。

第二回合冠宇从第八位发车。此时降雨云团已走，赛道渐干，但冠宇发车时不是特别顺利，相比发车位很快落后了两个名次。好在接下来的比赛中他稳扎稳打，又逐渐追回了几个名次，最终以第七名完赛。

第三回合天气倒是晴好，冠宇从第七位发车且发挥正常，本来是个不错的开始，不承想第一圈之后就与其他车手发生了擦碰。擦碰导致冠宇不得不在赛道上掉头，落后了许多名次，无奈退赛。

银石之后是意大利的蒙扎赛道，冠宇表现稳定，三个回合全部取得积分，但名次偏后。

第三站法国波城站，提起来我就心头打鼓，上个赛季冠宇在这条赛道退赛两回的经历仍然历历在目。

越怕啥越来啥，冠宇在波城再次折戟。在第一回合比赛还剩二十六分钟的时候，他因为失误擦墙被迫停在了赛道边，与领跑就失误把车撞坏的艾洛特一样惨兮兮地退赛了。

第二回合以倒数第四的位置发车，原本希望也不大，结果因为赛车故障，他又没能完赛。

虽然在第三回合以第十名完赛，拿了个微小的积分，但总的说来冠宇在银石赛道的表现只能用惨烈来形容。这也许就是赛车的魅力吧，我们永远不知道下一秒会发生什么。

连续三站登上领奖台

　　一个平庸的开局让所有人都捏了一把汗，我头上也不免笼罩了一层阴霾。不过在接下来的几场比赛中冠宇的表现还不错。

　　第四站匈牙利的亨格罗林赛道是那种传统的永久性赛道，冠宇对于在这种赛道上驾驶显然更有信心。第一回合从第八位发车，以第七名完赛。第二回合冠宇发车位置不错，排在第四，因为英国车手诺里斯的发车出现了重大失误，几乎停在原地，所以冠宇顺势上升到了第三位。

　　正常比赛中冠宇的节奏控制向来是非常稳定的，所以最后的名次没有出现变化，他在本赛季首次登上了领奖台。然后他在第三回合也发挥正常，从第四位发车，以第四名完赛。

　　三个回合都能拿到积分，还在一个回合登上领奖台，终于将头上的阴霾驱散了一些。

　　比赛来到第五站德国的诺里斯林赛道，我不是特别担心，因为冠宇去年在这里表现不错。

　　果然，冠宇在第一个回合的表现就很是令人惊叹。

　　发车后在首圈发夹弯处出现了连环事故，排在第七位发车的冠宇则保持了一贯"眼明手快，尽量突出事故重围"的优良传统，找到一条还算顺畅的线路躲开事故，冲到了第五位。

在接下来的追击阶段，赛道上呈现出"开火车"的局势。冠宇在这种局势下丝毫不惧，他的耐心和稳定性经过了无数次验证，他超不了别人，别人也别想超他。

不过"火车"终究开不到终局，比赛进行到一半时，便有人按捺不住导致了撞车事故，安全车不得不出动。安全车离开后，前三名开始加速，逐渐将冠宇甩到后面，但冠宇也把后方追兵甩得比较远，所以压力不算大，依旧属于第一集团。

没想到同一个回合里还有第二次机会。

比赛最后十分钟，休斯受到身后诺里斯的猛烈冲击，在两人缠斗中包括冠宇在内的第三、第四、第五名都逐渐跟上了领跑阵营。只需要一次冷静、准确的超车，就可能改变领奖台位置的归属。

契机出现了。诺里斯在超越休斯的时候追尾了，休斯被顶出赛道，诺里斯虽然还留在赛道上继续比赛但名次却掉了下来，冠宇趁机拿了第二个季军。

第三次登上领奖台来得也很快，就在接下来的第六站：比利时的斯帕赛道。

斯帕赛道第三回合中冠宇从第二位发车，这是一个非常棒的发车位。更棒的是他在第一圈的四号弯成功抢得先机，以第一名的身份开始领跑比赛！这对已经在欧洲F3锦标赛中奋战了一个半赛季的冠宇来说极其难得。

首次获得领跑正赛的机会，是突破，也是一次全新的考验。

过去他都是在车阵中向前发起冲击。在跟车的过程中，车手的眼里是有目标和对手的，要考虑的事情非常多，但是领跑的时候一个车手眼前没有其他障碍和事务，可以专心按自己的节奏跑，这种情况下领跑车手最需要战胜的是自己。如何保持圈速稳定，如何甩开身后的对手，如何把冠军带回——有很多很多需要思考的事情。领跑并不是一件简单的事情。

遗憾的是，比赛剩余二十五分钟时赛道上发生了事故，安全车又出动了。

安全车出动之后，之前所有的领先优势都没有了，冠宇直接面对身后诺里斯的冲击。诺里斯很快便在四号弯超越冠宇取得领跑的位置。这还不是唯一的变数，因为其他追兵正快马加鞭赶到。冠宇此时内心肯定很想追回领跑位，同时还要提防身后的艾洛特，这种多重因素之下的攻防战对车手来说是必修课。

被诺里斯逐渐拉开差距后，冠宇把更多的心思转移到了艾洛特身上，但一番缠斗后，他还是落到了第四位。不过前方的二三名没有跑远，他还有超车的机会。

比赛进入最后一圈，排在第四名的冠宇还在不断尝试对前方的艾洛特发起冲击。

终于，他抓住了大直道尾端的机会，在比赛的最后一圈超越了艾洛特！

冷静、耐心地跟着，然后一剑封喉，完成绝杀！又一次登上领奖台，冠宇赢得漂亮！

是高光也是魔咒

作为欧洲 F3 锦标赛的二年级生，冠宇在这个赛季是有明显进步的。

相比去年第一次升入 F3 时，2017 年他的表现稳健了一些，在总共三十个回合的比赛里有十八个回合进入了积分区，共有五次站上领奖台。

2016 年只有开局阶段两次登上领奖台，进入积分区的回合还不到一半。

年度排名第八，比起 2016 年的第十三提升也不算小。抛开转回 Prema 车队在赛车和心理上的加成不谈，冠宇也是实现了对自己的突破的，对得起他之前一年的积累和磨炼。

冠宇自我总结时也说，他本赛季在技术方面有了很大的提高，尤其是在高速弯中对车的掌控力更强了，发车和超车也比上个赛季更果断，毕竟多了一年的经验和教训。

而在最后一站能以两次登上领奖台的结果结束整个赛季，尤其让人开心。

遗憾的是，2017 赛季他每次登上领奖台都是以"第三名"的身份。

不说年度总排名或者分站排名，就是单个回合的排名都没有拿到一个冠军，其实我们心里还是有点失落的。因为能不能拿到一个冠军，这在一定程度上展示了你天赋的上限。

能拿冠军，哪怕失误多、总排名靠后，那也还是有希望的，因为你上限高。

拿不到冠军，哪怕你几乎没有失误、总排名也靠前，感觉上总是差点什么。

在自己相对熟悉的蒙扎赛道，在全场表现都不错的亨格罗林赛道，在连续两次登上领奖台的霍根海姆赛道，居然都没有一次能突破"第三名"的魔咒，这里面肯定是有些自己的问题的。

我们对这个问题进行了深入的交流，发现主要问题出在几个点上。

首先是车感还不够圆融，没有真正达到人车合一的境界。这个车感的问题其实与他在不同车队间的不断游走是有一点点关系的。

不同的赛车会有不同的特性，虽然车手和工程师的目标都是让自己的车成为最快的赛车，但是工程师打造出来的赛车不一定能完美适配车队的每一个车手，所以需要一个调校过程。这个过程有的短，有的长，效果也因人而异。

很显然，冠宇在这个问题上受到的影响要远比我们以为的大。

Prema 车队和 Motopark 车队在所用的赛车上差别比较大，部件不同，尤其是方向盘很不一样。这些不同在普通人看来可能区别不大，可赛车尤其是高级别的赛车本来就是在"秒"这个层面进行争夺的，即使用"失之毫厘，谬以千里"来形容也不夸张。

这个时候车手都会试图调整自己的驾驶习惯以匹配新赛车的特性，但习惯的力量是很强大的。你一开始就开这个车、摸这个方向盘，开一年，和你开了一年别的车，再回来摸这

2017 年澳门格兰披治大赛车赛后母子二人交流

与爱同行

个方向盘，感觉是不一样的。前一年的感觉和反应多少会留下一点神经和肌肉记忆。加上心理上的紧张，就出现了一系列的连锁反应，导致冲劲和速度没有得到最充分的发挥。

遇到法国波城站那种超高难度、上个赛季折戟两回的赛道，表现就更加僵硬了。

运气不好的话，自己还得卷进事故里面去，成为别人的加速器。

当然，再难也还是有人在改变自己的驾驶习惯后依然跑出很好的成绩。这样的车手适应能力极其出色，往往也具备了将来成为顶级车手的潜力。而如果适应能力较差，那么他在驾驶不同的赛车时就会显得很挣扎，与真正的顶级车手也就拉开了差距。

所以我们不能把希望寄托在别人身上，只有直面自身存在的问题，尝试并最终解决这些问题，才能真正地上一个台阶。解决问题需要时间，现在却连时间也有些捉襟见肘。

冠宇已经是欧洲F3锦标赛的二年级生了，还要耗一年吗？

"冲冠保三"的致命诱惑

我们在是不是要再跑一年 F3 这个问题上的纠结程度，一点不亚于 2015 年末是否该离开 Prema 车队，其中最大的顾虑就是积分和成绩。

冠宇在踏进赛车之门后一直都是同组别里年龄最小的，哪怕出国后从头开始，在参赛的卡丁车组别里也是最小的，被法拉利车手学院提拔到 F4 又直升 F3 后，也是同阶段里最小的三个车手之一。可是他 2016 年的表现不尽如人意，2017 年也没有取得让人惊艳的成绩，等于失去了两年的优势。

国际汽联 F3 欧洲锦标赛是非常重要的一块试金石。

在新规执行之前的四个赛季，这个平台共"孕育"出了六位 F1 车手，可见这一赛事的含金量之高。可冠宇因为这样那样的原因，其表现终归是说服力不够，这就有些处于劣势了。

这两年新近进入 F1 的六位 F3 锦标赛毕业生里，荷兰车手维斯塔潘、法国车手奥康、摩纳哥车手勒克莱尔、英国车手诺里斯都是在个人新秀赛季就摘金夺银了。加拿大车手斯托尔在二年级时也是以统治性优势夺魁的，只有意大利车手吉奥维纳兹升入了三年级，但他也在第三年拿下了年度亚军。

对比这些未来之星闪光的履历，冠宇在前两个赛季的成绩可谓平平，所谓亮点也就没那么亮了。再跑一年能拿出足够亮眼的成绩吗？说实话，我没有百分百的把握。

冠宇征战方程式赛车这三年来，我跟着见识过太多的意外和不确定了。

而且中国有句非常著名的话：一鼓作气，再而衰，三而竭。我其实很害怕这句话会印证在冠宇身上。他前两年虽然没有惊艳的表现，但总体表现还算出色，尤其冠宇的驾驶风格独具特色、令人惊叹，给人留下了深刻的印象。作为一个中国车手，多次站上领奖台，也已经受到了很多业内人士的关注和赞赏。此时离开F3也不算丢脸，换一个赛场也许会有不一样的好结果。

比如升入 F2 阶段与其他新秀在一个不同于 F3 阶段的全新赛场战斗。

新起点、新规则、新对手，车新人新心态也重新归零，说不准会有另一番景象呢？

而且初级方程式会有很多不同的赛事，就算冠宇在 F3 的成绩不能获得 F2 强队的青睐，可选的其他赛事也很多。

可是在这个问题上，Prema 车队和法拉利车手学院与我们的看法不一样。

与我的顾虑不同，它们对冠宇在第三年的成绩提升非常有信心。它们一致认为冠宇目前存在的问题都是可以溯源的，都是可以解决的，综合比较了来年可能参赛的各个车队的车手实力，它们认为冠宇完全具备"冲冠保三"的能力和前景，不应该就此止步。

"冲冠保三"的诱惑力是非常大的，谁都知道每一个方程式级别年度总冠军的含金量。

而且我从冠宇小时候开始就引导他要不畏困难直面现实，

如今真的要选择绕道吗?

　　理智让我选择相信它们,相信冠宇,可潜意识里总有一些隐隐的担心在萦绕,比如当年 F2 出现的空缺位置也不如我们预期的理想,所以纠结到赛季结束,我都没能下决断。前年离开 Prema 车队的那个选择已被证明是错的,今年再让我进行选择,我的压力太大了。

　　Prema 车队的经理在这个问题上给了我非常大的帮助和尽可能多的理解,一直拖到年底澳门格兰披治大赛车之前,才给我下最后通牒。他对我说有很多人在争取他们车队的这一

与爱同行

个位置，他已经无法再拖下去了。再不做决定，冠宇在 Prema 车队 F3 锦标赛的席位就保不住了。我知道对这个在 F3 赛场上数一数二的车队来说，想要进来的年轻车手太多太多了。我非常感激他给了我这么长的时间考虑，我也能看出来车队是非常希望冠宇能够留下来继续征战 F3 的。于是收到消息后，我在澳门格兰披治大赛车即将到来之前，拉上全家人就地开了个办公会。

除了我和我先生，还有冠宇和女儿。女儿太小插不上嘴，但冠宇已经十八岁了。

既然成年了，那就自己拿主意吧。不出我所料，冠宇选择了再跑一年。

"我想在每一个方程式阶段都拿个冠军，哪怕是单个回合的冠军。"冠宇说。

"反正 F2 也没有特别理想的车队和位置提供给我们，那我们就把 F3 的基础夯实得更好一点吧，拿了年度前三的话，超级驾照能积三十分，也不错啊。"他爸爸说。

冠宇自己做了决定，他爸爸也赞成，我当然就释然了，想想也觉得挺不错的。

2018 年参加澳门格兰披治大赛车的冠宇与其他参与者合影

FOUR

这么近又那么远

01.

波城夺冠

2018 年是冠宇在法拉利车手学院的第四年，也是他征战欧洲 F3 锦标赛的第三年。

这一年对冠宇来说至关重要，对他身边的我们来说格外忐忑。这个再跑一年的决定过程太纠结了，越纠结对结果就会越看重，可是第一站偏偏就遇到了"如雷贯耳"的法国波城。

波城，真是城如其名，注定就是个不平凡的赛场。

对冠宇来说，这个赛道算得上"梦魇之地"，前两年都折戟在这里，2016 年退赛两场，2017 年又退赛两场。连续的暴击带来的可不只是糟糕的成绩，还有心理上的畏难情绪。

再难也要面对，5 月 12 日，这个拥有美丽起伏曲线的赛道迎来了新赛季的揭幕战。

与前两个赛季不同，冠宇在周五下午的排位赛表现得不错，仅以 0.009 秒之差落后于英国车手提克图姆排在第二名，这让第一场正赛充满了希望——排位赛的成绩证明他在某种程度上克服了心理阴影。

比赛开始时，提克图姆发车失误导致轮胎起火，将领跑的位置拱手让给了冠宇。

冠宇没有辜负他的"好意"，连续两圈保持领先。第一圈提克图姆追得比较紧，结束时冠宇仅仅领先0.4秒，但在第二圈冠宇将这一差距扩大了一倍。

然后，意外出现了。由于加拿大车手德弗朗西斯科的意外，场上出现了黄旗。

当绿灯亮起比赛恢复正常时，提克图姆已经足够接近冠宇。提克图姆再次发起对冠宇的追赶和超越，但是波城赛道的特色和难度让他的努力变得很是艰难，而且冠宇今年的速度起来了，在领跑比赛的情况下提克图姆很难抓到机会。

不过安全车的第二次出现给了他又一次机会。

临近比赛结束，大家还在奋起追击，提克图姆想超越冠宇，排在他后面的阿隆也想超越他，于是提克图姆和阿隆先行接触上了。在他们两人的攻防战中，阿隆凭借高超的技术艰难地避开障碍物，设法绕到外侧，并最后胜出，占领了第二名的位置。

阿隆虽然成功超越了提克图姆，却没有接近和挑战冠宇的机会了。

冠宇在自己领跑比赛的情况下先后两次遇到安全车，原本舒服的领跑节奏被大大破坏，努力拉开的差距两次被缩小，但他非常出色地控制住了局势，最终有惊无险地赢得了他在欧洲F3锦标赛上的首个分站冠军。

夺冠当然令人激动，尤其是等了两年才等来这个首冠，那感觉真的很难形容。

在压力巨大的第三年，在两度折戟如同梦魇的波城赛道，冠宇从练习赛、排位赛就展现出了不同以往的技术和速度，终于在正赛中拿到了这个颇具分量的分站冠军，实在是可喜可贺。

冠宇在冲线的那一刻通过车队的无线电高喊了三个"yes"，说他终于做到了，感谢车队和团队的帮助，激动的心情难以言表，但我能体会。

因为我当时站在终点区域眼看他冲线，听着他的名字回响在空中，也是滋味难言。

山坡上除了我之外，没有其他黑头发、黄皮肤的观众，冠军冲线的那一刻，所有人都转身看向我，向我表示祝贺。他们不认识我，也不知道我和冠宇是什么关系，但他们知道这一场的冠军是个中国车手，而我很可能就是这个中国车手的亲友。

来自陌生人的祝贺让我暖得心里一酸。但我没有时间和他们拉家常，只能简单地表示了谢意之后拔腿就跑，因为颁奖台在远处山下的 P 房①附近，而我为了见证他的冲线一直守

---

① P 房，全称为"Pit house"，又称"维修区"，是 F1 等赛事设在赛道起跑区供车队管理、休息和维修车辆的区域。——编者注

冠宇在 2018 年欧洲 F3 首站波城站勇夺冠军

在最后一个弯道处，当时我很纠结，我想早点赶去颁奖台，然后和他一起见证奏国歌、升国旗，又担心他在离终点线几步之遥会出现什么状况。我想守护他顺利地冲向终点，也不想错过冠宇冲线夺冠的瞬间，于是还是留下来看完了他冲线的过程，接着再用狂奔的方式"跋山涉水"向颁奖处跑去。在上下山的过程中，我甚至有些窒息的感觉，也许这就是高兴、激动与累产生的连锁反应吧。

在我很多次从终点赶到颁奖台的跋涉中，波城是最遥远最辛苦的，因为中间一个山坡接着一个山坡，可这段路也是最甜的，因为这一天我和冠宇都等了太久太久。非常欣慰的是我在他上台领奖那一刻赶到了颁奖台，车队工作人员给我送来了温暖的拥抱。举行颁奖仪式的时候，我在下面盯着冠

2018 年冠宇在欧洲 F3 比赛中

宇看，国歌奏起的那一瞬间，他的眼眶红了，泪水在里面打转，而我也控制不住地起了一身鸡皮疙瘩，这样的时刻太令人自豪和感动了，冠宇和我都是的。

第二天在餐厅吃早餐时，我收到了服务员主动送来的法国晨报，整版都是冠宇夺冠的消息。服务员也不知道我是谁，他只是看我是中国人，就觉得我可能是冠宇的朋友。此刻我感受到了赛车是没有国界的，而胜利是会让所有人都自豪与高兴的。作为一个中国车手的妈妈，这一刻我感到我们之前所有的付出都是值得的。

2018 年冠宇在欧洲 F3 波城站比赛中

与爱同行

距离榜首就差一分了

六月份，第二站匈牙利站开赛，良好的开局和心态让冠宇在亨格罗林赛道的比赛中也表现出色。

三个回合都拿了积分不说，三个回合还都挤进了前五，尤其是第一回合就拿了亚军。

第一回合是一场湿地比赛，虽然比赛时天气已经放晴，但是赛道上留下的积水注定让这场比赛存在一定难度。冠宇从第三位发车，发车之后一直守住了自己的位置。比赛的进程波澜不惊，最终冠宇以第三名冲线，但是由于前方第二名冲线的阿隆被加罚了五秒，冠宇最终收获了亚军。

第二回合冠宇依然是第三位发车，但是发车后落到了场上的第五名，经过一番追击，最终以第四名完赛。第三回合冠宇从第五位发车，经过一号弯异常混乱的缠斗后依然处于第五位，最终在这场比赛中以第五名完赛。

前两站结束后，一个冠军加上一个亚军，冠宇的积分具备了一定的竞争力。

可惜在第三站德国的诺里斯林赛道，冠宇没能登上领奖台。

诺里斯林赛道的难度不及波城赛道，但也是街道赛道，冠宇去年在这个赛道上尽管表现出色，但也只是拿了第三名，今年三个回合分别名列第九、第十二、第四，成绩略有下降但差距不算很大。可还是很遗憾的，因为哪怕在这一站拿到一个积分，冠宇在下一站就能冲上榜首了。

第四站荷兰的赞德沃特赛道上，冠宇技惊四座，连续三次登上了领奖台。

第一回合冠宇从第一名杆位发车，但发车不是特别理想，被第二位发车的阿隆超越。虽然发车不利，但是冠宇一路紧咬在阿隆身后。由于赞德沃特赛道不易超车的特性，冠宇最终只能以亚军完赛，冲线时落后阿隆的差距仅为 1.6 秒。

第二回合冠宇从第六位发车，凭借着不错的发车在一号弯之前就上升到了第四位，紧接着前方车手发生擦碰，米克直接冲进了一号弯缓冲区，冠宇顺势上升到了第三位。接下来的比赛中安全车又因事故出动了，恢复正常竞技后，冠宇虽然没有超车机会，但也牢牢守住了第三位，顺利将季军带回。

第三回合冠宇从第四位发车，再一次凭借着出色的发车上升到了第三位，并且在一号弯外线向第二名发起冲击，不过由于外线在线路上不占优势，冠宇本次超车还是收了一把。比赛进行到一半时，领跑的提克图姆遭遇赛车故障，退赛回到了维修区中，冠宇的名次因此上升到了第二名。

这场比赛进行到最后十分钟时，又发生了比较严重的事故，安全车再次出动，在最后三分多钟倒计时尚未走完的时候，赛会出动了红旗暂停比赛。最终这场比赛提前结束，冠宇取得亚军。

这是冠宇的欧洲 F3 锦标赛生涯中首次在一个比赛周末三次登上领奖台，意义重大。

而在荷兰相对古老、狭窄，还有许多中高速组合弯的赞德沃特赛道，他直接拿了两个亚军和一个季军。

2018 年冠宇在欧洲 F3 荷兰站三次登上领奖台

2018 年冠宇在欧洲 F3 荷兰站举起亚军奖杯

　　在一条曾经表现不佳、毫无建树的赛道上取得这样的成绩，充分证明了冠宇如今的实力，其意义不比他在令人畏惧的波城赛道拿到冠军小，这更加提升了冠宇的信心和气势。

　　前四站比赛结束后，冠宇以一百三十分在积分榜上排名第二，离榜首的差距仅一分而已。

　　我们都满怀希望地等着下一站比赛的来临，期盼着冠宇跃升榜首的那一刻到来，我在想也许争三保一这个判断是正确的，却不知命运的齿轮在我们看不见的地方已然悄悄地发生了卡顿和偏差。

运气也是比赛的一部分

　　有了前四站的积累，进入第五站比赛的冠宇充满自信。比利时的斯帕赛道是全世界挑战难度最高的赛道之一，但冠宇看上去一点也不害怕，去年在某一回合比赛中他曾有过一剑封喉、绝杀对手的惊艳时刻，今年的排位赛成绩也非常好，三场正赛的发车位都很靠前。

　　很显然，前两年的经验教训加上 Prema 车队出色的教导，让冠宇的排位赛成绩在 2018 年已经有了巨大提升，这为他在正赛取得好成绩奠定了坚实的基础。

　　遗憾的是今年的斯帕赛道战局十分混乱，事故频发，冠宇也未能幸免。

　　受此影响，他在下半个赛季的表现意外频出。

　　首先是第六站银石赛道。冠宇因为排位赛成绩很好，正赛从第二位发车。

　　但是发车后很快便被超越，被提克图姆超过后不得不死守第三，可是运气不好的时候喝凉水都塞牙，比赛平稳进行到离比赛结束还有四分钟时，不幸再次降临到了冠宇身上，他的车左后轮爆胎了。此时他离夺得季军仅仅一步之遥，徒叹奈何。

　　连续四场正赛没有收获积分，这对冠宇的心态产生了重大的影响。

　　第二回合与第三回合冠宇分别以第六名和第八名完赛，基本与冠军无缘了。

第七站蒙扎站被米萨诺站取代，冠宇在第三回合退赛，第一回合排名第四，第二回合排名第十一。第八站纽博格林赛道没有退赛，但三个回合以第七、第八、第十名完赛，只收获了微小的积分。第九站奥地利红牛环站三回合的成绩分别为第十二、第九、第十一。

同样是四站，成绩与上半年比仿佛隔着天堑，眼看与年度前三的差距越来越大。

直到十月份的最后一站德国霍根海姆赛道，赛场上才有了一点新变化。

在第一个回合的比赛里，冠宇拿到了他这个赛季第二个冠军。

2018年冠宇在欧洲F3收官战第一回合拿到冠军后与车队工作人员一起庆祝

与爱同行

2018 年第三年征战欧洲 F3 的冠宇

冠宇从杆位发车，发车后牢牢占据领跑位置，非常顺利地将冠军收入囊中。这是他在欧洲 F3 锦标赛的第二冠，虽然跟本赛季揭幕站波城的那一冠首尾呼应，但是这中间的跌宕坎坷如同过山车一般。

冠宇在整个下半赛季只有这一次登上领奖台，回天乏力，年度排名最终只能排在第八位。

对冠宇来说，2018 赛季绝对是突破之年，他不止一次有机会去挑战分站冠军，而且原本有机会冲击年度冠军。对冠宇来说，2018 赛季也是坎坷之年，他的实力值得更好的成绩，可惜事与愿违，最后只能"一瘸一拐"地离开 F3 赛场。

但是尾盘夺冠还是让人看到了一丝希望，这个倔强的年轻人并没有真的倒下。

2018 年冠宇在欧洲 F3 收官战第一回合拿到冠军后与大家一起分享香槟

你并不会失去所有

最初留下继续征战 F3 的目标是"争三保一"，现在没有完成任务，后悔和嗟叹是没有用的，我从来不是只会陷在泥潭里号啕大哭的人，我要做的是解决问题。我从冠宇开始玩卡丁车就陪着他，我放下国内的工作和闲适的生活陪他来到国外，就是要为他解决问题的。冠宇很懂事，他真正需要我解决的大问题其实不多。

以前那些孤独寂寞也好，吃不好睡不好也罢，为了各种琐碎的事情不得不忽略时差黑白颠倒，等等，最多只是辛苦，算不上什么问题。去英国也好，去法拉利车手学院也好，都是到了某个阶段顺势而为必须去做的事，是我们站在自己立场上主动进行选择的结果，不存在什么问题。

真正谈得上问题的，也就是进入 F3 的这几步。

是不是要离开 Prema 车队，是不是要回到 Prema 车队，现在——

还是 Prema 车队和法拉利车手学院那点事。但是这些事关系到冠宇的前途，就不是小事，是大事。

冠宇已在法拉利车手学院待了三年半，在 Prema 车队待了两年半，无论学院还是车队对他都比较了解，也有感情了。

该选择的就要选择，该落定的就要落定，虽然没有完成最初的目标，但

欧洲 F3 分站母子二人合影

冠宇在 F3 的最后一站发挥出色拿了冠军，收获了最后的"体面"，我很感恩。

这一年中冠宇备受煎熬，我也备受煎熬，我们全家人都很难过。

我们选择跑三年是为了赢，但是没有赢，这是非常挫败的。其间网络上也会有一些消极的、虚假的和对冠宇非常不友好的声音出现，但谁会去解释呢？起码我们是不会的，因为我们知道这不是事实。但冠宇看到了会非常不高兴，甚至会愤怒，我也曾试着让他不去理会这些东西，但我作为一个局外人看了都会生气，更何况说的是他本人。他不可能完全规避，没有压力是不可能的。我也进行了反思："有必要去说服他吗？他的表达和他的愤怒不就应该是运动员该有的本性吗？"

在我看来，这说明他还是保留了一些少年意气，还保留了一点棱角和血性，我要因此责怪他吗？在他已经遭受了很多荒谬的攻击后，身为父母的我们还要再给他背后一击吗？

不要，不会。我们支持他赛车是因为他热爱，是因为他的梦想，不是为了所谓规矩。如果十八九岁正值青春年华的冠宇就已经逆来顺受，话都不敢说一句，我会觉得更悲哀。

他失去一切也不会失去我们，事实上他也并不会失去所有。

我们就是你的"软猬甲"

我也不是没有过灰心丧气的时候，事实上，这种情况还为数不少。

很多次，"要不算了"四个字也会不经意间浮现在我的脑海里。

我也觉得累了，这种累不是身体上的累，是精神上的一种疲倦感。这种疲倦感源自单枪匹马想要冲破森严壁垒的精疲力尽，是你已经很努力很努力了，可梦想还是如海市蜃楼一般浮在半空。

我们的家境也不错，基本实现财务自由，这种家庭条件不论在国内还是国外其实都不太容易受委屈。而且我的性格也不是会委曲求全的，喜欢顺其自然，合则来，不合则去。

但这一切心理上的优势在冠宇选择车手这个职业后都消失了。

因为中国人在方程式赛车这个行业和领域没有多少底蕴和积淀。

我们和冠宇行走在这个领域，其难度和挑战与千千万万"北漂""海漂"行走在北京、上海这种超大城市一样，想要靠自己努力打拼争得一席之地太不容易了。辛苦、白眼、委屈，一个都少不了。哪怕你很有才华，得人赏识，进了大公司，还是一样有可能受到不公平的对待。

郁闷不郁闷？难过不难过？那是肯定的。

然后你发现自己除了郁闷和难过并不能改变什么，因为很多东西是历史原因形成的。

历史是一个过程，也是一种强大的力量，个体的力量在它面前微乎其微。

方程式赛车这个领域也一样，人家在体系创建、制度完善、人才培养和文化推广等方面积累了多少年，我们中国人进入这个领域才多少年，非要去谈什么公平不公平实在是痴人说梦。

现实就是这样，"要不算了"是一种很正常也很平常的心态。

"北漂""海漂"里有很大一部分也选择了"逃离"，这个话题甚至引发过很热烈的讨论。但同时也有很多人选择留下来继续奋斗。竞争一年大过一年，成本一年高过一年，可每年还是有无数人留下来奋斗。

他们肯定也在无数个夜里念叨过"要不算了"四个字，可是天一亮又打起精神出门了。

我们和冠宇面对的困难和挑战比他们还大吗？我们眼下的困难比我们刚出国前往谢菲尔德的时候还大吗？不提 F1 的话难度就不大，目标是 F1 的话那真是"压力山大"。

不说精神上的压力，单是经济上的压力也是非常大的。

我们的所谓富裕在 F1 这个"销金兽"体系面前实在是不够看。从冠宇玩卡丁车开始，我们在孩子教育上的金钱投资就远超预期，出国后投资就更大了，然后每上一个方程式的台阶，投资都会呈几何级数上升。从我们出国算起，整整八年了，投了多少钱在里面我都不敢算。

向上看是厚厚的云层，向下看也是厚厚的云层，往前看是乌泱泱的高手，往后看则是乌泱泱的追兵，真正的四顾茫然。

可是放弃的念头每次浮上来一会儿，有一根连着心肺的弦便会隐隐作痛。

那是身为父母对孩子的心疼。

冠宇的梦想是 F1，若停在这里，梦想就等于破灭了，哪怕他已经创造了历史。

我知道，如果我和我先生决定停下冠宇也能理解，他会默默承受所有压力和痛苦，然后要么改变赛道去玩别的赛事，要么消沉一段时间之后去尝试其他行业，毕竟天地广阔，人生还长。但我也知道，不管他以后去跑什么比赛，去从事什么行业，终归都不是他最想要的了。

最爱，从来都是唯一的，和冠军一样。

我和我先生，我们全家人都不想冠宇就此梦碎，至少不是以这种方式结束。

每个人都有
自己的南墙要撞

2018 年下半赛季最艰难的那段时间，我时常回想起冠宇波城夺冠那天的情景，以及第二天在酒店里的一个小插曲——我在酒店吃早餐的时候，一位服务员女生拿着一份报纸特意走到我面前问了一句："昨天夺冠的是个中国车手，不知道您认不认识？"

我闻言侧头一看，报纸上正是冠宇夺冠的新闻，于是笑答："那是我儿子。"

小姑娘"哇"了一声，将报纸送给我，满脸含笑道："恭喜您！他可真了不起！"

回忆越快乐，眼下的处境就显得越艰辛，可恰恰是这些快乐的片段从 2018 年一直回溯到 2008 年，串起了一条金色的河流，在我们的心里流淌，在那些暗沉的夜里闪着光，慢慢地将那些怒气和悲伤抚慰，转化成了前行的动力。

所以我不是很喜欢"失败是成功之母"这句话，在我看来，成功才能不断地孕育成功。

如果一直失败，很难有人坚持得下去，就算能坚持，看起来多少也有点魔怔。不过这句话的前提仅限于竞技体育这个领域，对其他行业尤其是科研领域是不适用的，有些领域确实需要长年累月坐冷板凳，有的无名英雄努力一辈子都鲜为人知。

不过竞技体育有其特殊性，它需要显而易见的天赋和连续不断的成功作为动力。

没有八站八胜，没有年度双料冠军，没有蒙扎大满贯，没有年度亚军，没有波城夺冠，没有荷兰一站三登领奖台，冠宇就没有足够的动力和信心从这么深的泥淖中支棱起来，在尾盘夺冠。没有这些成功铸就的动力和信心，我也不会慢慢喜欢上方程式赛车。

但是这一次终究是不同了，征战方程式赛车的四年，我们终究学到了很多东西。

首先是非常深刻地体会到了冲击业界巅峰的过程中个人努力只是成功的一个要素。除此之外，还有很多要素能够影响最终结果。

任何一个行业实际上都是一个庞大的系统，F1也不例外。作为一项历史悠久的世界顶级赛事，在F1这个庞大的系统里面，关于实力和利益之间的各种拉扯是无处不在的。越往上走，无论队友还是对手，实力都越强，巅峰之上就那么一丁点地方，大家都在为梦想拼尽全力，竞争肯定是残酷的。

因为缺乏经验，最初的这几年我对竞争的理解都只局限在赛场上，眼里只有冠宇个人的成绩，缺乏宏观的视野自然就无法对当下甚至是未来的困难和复杂局面进行前瞻、预判和准备。

第一个吃螃蟹的人需要在各种摸爬滚打中才能一点点加深对整个组织和系统的了解。幸运的是，经历了这些挫折和磨炼之后，我们没有丧失勇气，反而变得更无畏、更坚定，心也贴得更紧了。再往前行的时候，我们也知道如何在这个庞大的系统里寻找同行者与合作者。

虽然仍然有未知的困难在未来等着我们，在这个庞大的系统中我们也谈不上游刃有余，但至少心里的底气和信心是越来越足了。

另辟蹊径

除了自己给自己打气，我们也收到了很多朋友的鼓励和支持。

他们站在比较客观的角度肯定了冠宇在方程式赛车上的天赋，我们也不想轻言放弃。综合冠宇自己的体验，我们对冠宇的天赋、实力和表现水平做了一些分析。

首先是冠宇的优势。

冠宇最大的优势是有韧性。因为每次都是以"菜鸟"之姿冲杀最难的赛事，他在一开始往往会表现出很多的问题，比如发车不好、排位不好等等，但是这些问题都能随着时间的推移被他一一化解。发车不好，练好了；排位不行，冲到前排了。就连最讨厌的街道赛都能挑战成功拿到冠军和连胜了。

而且越是普遍意义上困难的赛道冠宇表现得就越好。弯越多、角度越刁钻，他反而发挥得越好，因为这种赛道相对而言更考验个人的驾驶技术和抓机会的能力，对赛车本身的调校的依赖性没那么强。比如2018赛季前四站比赛里唯一没有登上领奖台的德国诺里斯林赛道就只有四个弯道，其他部分都是大直道，不太适合冠宇的车和比赛风格。

再者就是他的稳定性，冠宇很少犯错误，一般取得领先优势后便不容易丢失。

不论从个人技术还是驾驶风格，冠宇都可以说是同层级里最强的之一，升上 F2 后过往一切归零，在新的层级重新出发，冠宇未必不能走出一条锦绣之路。

也是因为知道冠宇确实有实力，而且又是自己挑选和培养出来的车手，法拉利车手学院和 Prema 车队从来没有赶走冠宇的意思。它们在考虑自己来年征战 F2 的队员和学员时，依旧给冠宇留了一席之地。对此我们深表感谢！

但我们最后还是决定离开法拉利车手学院和 Prema 车队，为冠宇重新开辟一个空间。

因为我们现在已经明白一个道理：没有勒克莱尔和维斯塔潘那样顶级的天赋，冠宇的 F1 逐梦之旅必定是坎坷的。不论是性格还是比赛风格，他都不是那种出场即巅峰，第一年就能凭天赋亮瞎人眼的那种超级天才，他需要一个循序渐进的过程。

我不知道"有韧性"算不算一种天赋，但它显然不是 F1 挑选天才的首要因素。

在 F1 的世界里，那种随着车手一出场就能闪耀全场的超级天赋才是最了不起的，哪怕可能因此犯错。我们也很羡慕和赞叹这种天赋，但我们没有。我们也不想扭曲冠宇的习性，非得那样表现。

可是不改变自己，顺其自然的结果，就会使这个循序渐进的过程充满风险和不确定性。

通往 F1 的途中，天才车手如过江之鲫，一年换一批，都在拼了命往上冲。只要有人显露出比冠宇略强的天赋，甚至可能只是更年轻，冠宇都可能再次被放弃。

我们不想再被放弃了，我们已经被放弃过好几回了。

可是天才和变数都太多，防是防不住的，哪怕离开 Prema 车队，换一个车队还是一样。我不是说不相信冠宇的实力，冠宇当然有可能凭自己的实力成为新车队的香饽饽，但难免有意外。

而我打心底里不希望有任何意外。我并不奢望新的车队和平台能强捧冠宇，当他是唯一，但我希望他至少拥有基本的公平和不论任何情况都不被牺牲的权利。那就只能另辟蹊径。

然后我们遇到了 UNI-Virtuosi 车队。

08.

一拍即合的缘分

UNI-Virtuosi 车队原名 Virtuosi UK 车队，目前是一支主要参与国际汽联 F2 锦标赛的英国车队。

Virtuosi UK 车队成立于 2012 年，总部位于英国诺福克郡的阿特尔伯勒，目标是参与 Auto GP（世界汽车大奖赛）系列赛，并在当年的 GP2 系列赛中凭借挪威车手瓦哈格的优秀表现将车队排名提升至第四。2013 年，该车队车手未能登上领奖台，车队排名滑落到第七位。2014 年，靠斯洛伐克车手贡达和匈牙利车手基什的优秀表现，该车队排名上升到积分榜次席。2015 年，该车队签约俄罗斯车手兹洛宾，并取代 iSport 国际车队，成为 GP2 系列赛事中俄罗斯时间（Russian Time）车队的管理方。

2017 年 GP2 赛事更改为国际汽联 F2 锦标赛之后，该车队继续参赛，并在俄罗斯车手马克洛夫和意大利车手吉奥托的搭档下赢得了 F2 车队年度冠军。国际汽联 F2 锦标赛中不论车队还是车手都非常强，能拿到这个冠军非常不容易。

可惜在 2018 赛季，该车队年度排名掉到了第四。原因之一是换了个新车手，队友间需要磨合，但更重要的原因是俄罗斯时间车队受到复杂的国际局势影响，不得不撤出。

俄罗斯时间车队及其车手的退出使得 Virtuosi UK 车队再次面临全面重组。

这一次，隐身运作数年的 Virtuosi UK 车队决定从幕后转向台前。在车手的考虑上，他们属意冠宇和之前被换掉的吉奥托。经过三天的测试，车队确定了这个车手新组合。

2018 年 11 月底，更名为 UNI-Virtuosi 车队的新车队完成了对俄罗斯时间车队所有参赛资产的收购，并于英国当地时间 12 月 4 日下午官宣成为 2019 年国际汽联 F2 锦标赛的参赛车队之一。

能加入 UNI-Virtuosi 车队，我们非常高兴。

这是一支历史不算悠久但是管理水平非常不错的车队，不论是投资者还是车队实际管理者都是非常专业的业内人士，他们在短短几年间取得了共计十三场胜利、名下车手共计三十八次登上领奖台的成绩，在整个国际汽联 F2 锦标赛的范围内都是非常成功的。

在与俄罗斯时间车队的合作中，他们也体现出了非常好的团队素质和合作精神，不论与车队还是车手都没有太多的冲突，彼此尊重，互留余地，走到最后也能好聚好散。为了确保 2019 年的参赛水平，他们在面临诸多困难的情况下还保留了工程团队的人员与构架。

还有很重要的一点是这是一支英国车队。

英国是我和冠宇出国后的第一站，冠宇在英国的卡丁车车队待了三年多，我更是在英国生活了很多年。不敢说融入，但是对英国车队的了解肯定超过了对其他车队的了解，其务实、高效的风格我们是很喜欢的。

而且冠宇加入这支英国车队后大部分的训练时间都会待在英国，这对我们这个家庭来说非常重要。他在意大利的这几年，虽然我们也尽可能地抽空去看他，也陪他跑比赛，但终究离得太远，无论是生活上还是心灵上他都是比较孤单的。

　　回到英国就不一样了，这里虽然不比上海的家里，但也是比较有家庭氛围的。

　　在为自己高兴的同时，我们也为离开的俄罗斯时间车队及其车手深感遗憾。每个人身后都有着自己的祖国和历史，这两个词大部分时候我们可能无知无觉，但偶尔也会觉得它们有泰山之重。

雷诺的眼光

　　冠宇一路的成绩，尤其是 2018 年在 F3 欧洲锦标赛上半赛季的耀眼表现，很多人都看在眼里，下半年逐渐有车队和平台联系我们，表达合作的意愿，这其中就有大名鼎鼎的雷诺车队。

　　四年前由卡丁车升至方程式赛车领域那会儿，冠宇还只是个十四五岁的少年，看上去有点潜力，但未来是什么样谁也说不好，所以能进入到法拉利车手学院已经运气非常好了，别的啥也不敢多想。如今冠宇不仅多次登上领奖台并收获了分站冠军，人也从稚气少年成长为帅气青年了，只是还有点青涩，所以不论车队还是平台在考量他的时候都会想得比较全面和长远。

　　比如车手背后的国家和市场也是重要的考量因素。

　　当然，最重要与最核心的考量因素还是冠宇是否具备冲击 F1 的实力。

　　在雷诺看来，冠宇是具备这种实力的，它们以"F1 发展车手"的身份和待遇签下了冠宇。

　　时任雷诺运动学院总监的沙里兹曼先生表示："过去三年周冠宇在欧洲 F3 锦标赛中充分展现了一个优秀车手的实力，我们关注他已经有些时间了，很高兴今天能最终与他签约，让他成为我们'青年车手计划'的一员，冠宇不仅天赋异禀还非常努力，我们将在 F2 锦标赛中进一步发掘他的潜力。"

由此，冠宇成了中国大陆获得 F1 厂商车队发展车手席位的第一人。

意外的惊喜是雷诺 F1 车队在英国牛津郡的恩斯通有基地，冠宇不用长途跋涉便能在基地参与到驾驶模拟器及赛车研发的任务中。

对我们来说，"F1 发展车手"的吸引力才是下定决心转换平台的最终原因。

离开总是不容易的。离开一个提携过你，培养过你，学习、生活、训练了四年的平台更不容易。如果这个平台还是法拉利车手学院，那离开的过程就更纠结了。

其实到了后面两个月，我们的目光只盯着未来——谁能帮助冠宇更接近 F1，谁更有希望帮助冠宇获得 F1 的席位，我们就跟谁走。

很明显，法拉利给不了我们希望。

法拉利车队太有名、太厉害了，它对自己 F1 车手的要求太高了，我们有自知之明，冠宇并不是最具天赋的那一档。唯一的可能性存在于依附于法拉利的其他小车队身上，但它的不确定性也是很大的，每个车队都有自己的考虑，未必就甘愿听法拉利车队摆布。

何况冠宇本来就不太受重视，即便小车队有席位也不一定能落到他的头上。

相比之下，雷诺展现出的诚意就太珍贵了，而且雷诺此时还有阿隆索。

有时候连我也不得不感叹，冠宇和偶像的缘分真的是太神奇了。

又是一年烽烟起

作为国际汽联旗下仅次于 F1 的高级别开放式单座方程式赛车比赛，F2 同样备受瞩目。

与卡丁车比赛除业内几乎没啥关注度相比，与 F4 和 F3 比赛除业内只有很少的关注度相比，F2 的关注度可以说是大幅提升，传统媒体转播、自媒体转评、观众数量等数据皆陡然拉高。没办法，谁让它是通往 F1 围场的最后一段路程呢。

同样，F2 与欧洲 F3 在很多方面也有比较大的区别。

首先是范围上。虽然 F2 所跑赛道主要在欧洲和中东，不是很"世界"，但它确实和 F1 一样都是全球单一赛事。仅此、唯一，就意味着它的重要性和珍稀性。

其次是规则大不同。除了大家熟悉的周五练习赛和排位赛外，F2 的每个比赛周都有两个回合的正式比赛：周六的正赛和周日的冲刺赛。回合数虽然比欧洲 F3 少了一个，但因为单场比赛时间长了很多，对车手的体能消耗与毅力的考验其实是更大的。

周六进行的正赛里程为一百八十公里，周日举行的冲刺赛里程为一百二十公里。摩纳哥站和布达佩斯站的比赛是例外，这两站的正赛里程分别为一百四十公里和一百六十公里，摩纳哥的冲刺赛里程为一百公里。

而且 F2 的分站数也比欧洲 F3 多了两站，增至十二站。

发车顺位也不一样。周六正赛的发车顺序由周五的排位赛成绩决定。周日冲刺赛则采取倒序发车——正赛前八名的车手逆序排列，第八名从杆位起跑，第一名从第八位起步，第八名之后的车手按照名次正序排列。

积分方面也有差别。正赛的积分规则与现今 F1 赛事的规则类似，成绩排名前十的车手可获得积分，其积分由高到低分别为 25、18、15、12、10、8、6、4、2、1。冲刺赛只有前八位车手可获得积分，其积分由高到低分别为 15、12、10、8、6、4、2、1。排位赛中获得杆位的车手将获得 4 个积分；正赛与冲刺赛两个回合中获得最快圈速的车手将分别再获得 2 个积分。不过获得最快圈速的车手必须完成比赛里程的 90%，并且在前十名完赛才能获得积分。每站的比赛，一位车手最多可获得 48 分。

最大的不同体现在赛道和赛车上。

F2 作为 F1 的垫赛，比赛使用跟 F1 一样的赛道，所以其等级其实普遍要高于大部分欧洲 F3 所使用的比赛赛道，从可竞争性上而言，其实这些赛道会更加有助于车手的提升。赛车上，无论从动力性能、车轮轮胎、车架车身、转向变速、安全标准等各个方面来说都要比 F3 赛车高出一筹。

而且正赛中每位车手必须完成一次进站[①]并更换不同的轮

胎，这就有了策略上的博弈。

当然，对广大观众来说，最关注的还是车手阵容。

本赛季有八位新秀车手，讨论度比较高的除了米克和冠宇之外，还有一位名叫塔蒂亚娜·卡尔德隆的哥伦比亚车手——她是参加 F2 的首位女车手，代表 BWT 车队出战。

---

① 进站，指 F1 等赛事在比赛期间，赛车需要在规定时间返回维修站完成换胎、维修等操作。——编者注

11.

希望还是可以有的

　　满是沙漠的神秘岛国，波斯湾热带风情的代表，说的就是巴林。浅黄色的大地、乳白色的建筑、蓝绿色的海水，各种低饱和度色彩的街区和景观中遍布私家车和购物商场，虽不及阿联酋那般张扬疯狂，巴林却也是个开放现代的阿拉伯国家。

　　2019 年冠宇征战 F2 的第一站就在这里，位于中东地区的巴林国际赛道。

　　巴林赛道长度为 5.411 公里，共有十五个弯道，正赛三十二圈，冲刺赛二十三圈。

　　冠宇在巴林站的两场排位赛中先后因为红旗和轮胎问题发挥受到影响，这使得他周六正赛的发车位很不理想，仅排在第十七位。如此不利的开局，不熟悉的赛道，我们不敢抱什么希望，但是冠宇用他出色的表现告诉我们：希望还是可以有的。

　　发车之后最开始的比赛波澜不惊，但是冠宇在进站换上新轮胎后摁下了追赶积分区的按钮，跑出了全场最快单圈，从第十五位上升到第十位。比赛的第二十七圈，他超越了英国车手乔丹·金来到第十名，一度距离前面的米克只有零点三秒，可惜轮胎损耗严重不得不在最后停止了追击。

　　与此同时，他也承受了身后来自 Trident 车队的瑞士车手博尚的压力，好在他守住了。

从十七位出发，以第十名完赛已经非常不错，还以最快单圈获得了额外积分，冠宇的表现令人印象深刻。而这其中轮胎的选择和换胎的策略是他能拿到积分的重要因素——大部分车手使用较软配方的轮胎且进站比较早，冠宇则坚持到第十七圈才进站，出站之后凭借轮胎的优势一路超越。

新平台、新规则的受益者不仅有冠宇，还有米克。

米克从第十位起步以第八名完赛，因倒序发车收获了周日冲刺赛第一位起步的机会。

在这场揭幕战上演"后来居上"好戏的不止他俩。

加拿大车手拉提菲进站时出了问题，落到了第四位，但一路追赶，连超三人，重返第一；冠宇的队友吉奥托因离合器问题发车不利，但也没有灰心，后面一路追赶，在比赛尾声阶段冲到了第二名；巴西车手卡马拉在第一圈落到第十二位的不利局面下疯狂追赶，最后也登上了领奖台；法国车手于贝尔排位赛仅在第十一位，但凭借精彩的超越，最后取得了第四名。他们都非常令人敬佩，也让我从揭幕战开始就真正感受到了 F2 赛事的紧张和激烈。

能参加 F2 的车手都是万里挑一的，F2 的竞争激烈程度和难度比欧洲 F3 锦标赛大多了。

可是我们冠宇也不错，在周日的冲刺赛上表现得比周六还要好。

冲刺赛上冠宇从第十位发车，最终以第四名完赛，展现出了超强的轮胎管理能力。

在巴林的这场比赛有趣极了，因为这条赛道对于轮胎的磨损压力比较大，所以冲刺赛中有的车手会选择进站然后再追击，但有的车手会选择不进站一口气跑到底。冠宇凭借出色的轮胎管理能力，在这场比赛中始终没有进站，最后拿下了第四名的好成绩。

轮胎和对轮胎的使用是对比赛起到关键影响的一个要素。专业赛车比赛使用的轮胎都是热熔胎，所谓热熔胎就是达到一定工作温度时，轮胎表面会处于一种热熔状态，有点像胶水一样，在这种状态下轮胎会提供很好的抓地力。

以 F1 为例，目前赛事使用的干地轮胎从最软到最硬一共有五种不同的配方。简单来说，配方越软的轮胎抓地力越好，但是软胎的使用寿命没有硬胎长。也就是说，硬胎的抓地力差一点，但它可以跑出更长的里程。如何控制好轮胎的工作温度，这就要看工程师的调校和车手的临场驾驶了。

比赛正式开始前，压力就给到了工程师，赛车驶上赛道后，压力则更多地给到车手。车手在踩刹车和给油门时不同的细微操作都会对赛车的行驶姿态产生影响。如何减少轮胎不必要的滑移，如何让轮胎始终保持最佳的滚动和摩擦状态，同时又能保持较快的圈速，都考验着车手于长距离比赛中的保胎能力。

从 F3 到 F2，轮胎发生了很大的变化，非常考验车手对于新事物的适应能力。在这方面，冠宇从他 F2 生涯初期就展现出了很高的悟性和掌控力。

加上一如既往面对事故临危不乱的稳定性，冠宇在 2019 赛季取得骄人成绩还是很有希望的。

哪里都有可怕的街道赛

第二站阿塞拜疆大奖赛的举办地巴库城市赛道看上去挺友好，虽然是街道赛，但赛道够宽，快速路段够多，超车机会够大，貌似是很适合冠宇的一条赛道，可是冠宇此站一分未得。在排位赛就表现不好，正赛只能从第十三位发车，在第十八圈还退赛了，导致周日的冲刺赛发车只能排在末尾。

虽然冲刺赛从末尾发车，但冠宇最后跑到了第十名，也算表现不错，不过对一个擅长超车的速度型车手来说，没能在这一站登上领奖台还是非常遗憾的。问题出在哪里呢？

不熟悉赛道是一方面，这条赛道不曾出现在欧洲 F3 锦标赛当中，但这不是主要原因。

第一站的巴林赛道以前也没有跑过，在发车位非常不利的情况下冠宇也有优秀的表现。

我个人觉得"大意"才是此站失利的主要原因。因为赛道看上去比较友好、适合超车，所以大家都胆肥了，然后在超车和防守的过程中发生了不少碰撞事故，无论是正赛还是冲刺赛，二十辆赛车都仅有十三辆完赛，这一完赛率相比其他大奖赛而言是比较低的。

冠宇在正赛中就是因为在尝试超越对手时，赛车失控撞上护栏导致退赛的。

冲刺赛中他也差点被撞，防守法国车手朱利亚诺·阿莱西的时候，阿莱西没有把握好距离，赛车失控撞墙，差点波及他。

因为事故频发，巴库城市赛道两场比赛中各出动了三次安全车，哪怕是拥有领先优势的车手也会感到头疼。事实证明，看起来很适合自己的赛道也未必能稳操胜券，超车不再是取胜的唯一钥匙。

不过冠宇及其团队吸取了巴库站的教训，在摩纳哥站扳回了一局。

摩纳哥站是第四站，提前到这里是因为它的场地又是一条街道赛道。

与巴库城市赛道不同，摩纳哥的蒙特卡洛赛道一点都不友好，它是全世界最著名、历史最悠久、十分狭窄颠簸的一条赛道，对于赛车及驾驶技术均有着极高要求，被誉为 F1 皇冠上的明珠，顶尖车手的试金石。对首次挑战这条赛道的冠

2019 年 F2 摩纳哥站赛车极限过弯

宇来说，难度极大。

更难的是周六正赛冠宇只能排在第十六位发车，在蜿蜒曲折又狭窄颠簸的蒙特卡洛赛道，这无疑是噩梦般的开始。不过正如前面所说，进入 F2 赛事后暂时的领先都不算真正的领先，尤其是在蒙特卡洛这样永远不缺乏事故和意外的赛道。

发车后没多久，冠宇便上升了一位。

伴随着其他车手早早进站，没进站的冠宇名次提升至第七名，然后风云再度变幻。

比赛进行到第二十圈时，赛道最后一段出现了事故，狭窄的赛道出现了堵车的情况，于是赛会出示红旗暂停了比赛，冠宇因此赚到了很大的机会。

比赛暂停的情况下他可以直接更换轮胎，并且维持在第

冠宇在 2019 年 F2 保罗·里卡德赛道登上领奖台

本书作者 2019 年在 F2 保罗·里卡德赛道观赛

七名！

　　经过一段时间的暂停之后比赛重新恢复，更换完轮胎的冠宇不仅能顺利守住位置，还能凭借轮胎的优势追击前面的车手，最终把名次提升到第五名。

　　冠宇之前也曾遭受过红旗的"蹂躏"，不过这一次，女神带给他的是眷顾和幸运。

　　不过话说回来，机会总是留给有准备的人的，冠宇的"保胎"能力也是运气的一部分。

　　从第十六位发车以第五名完赛，这一场风驰电掣的街道赛战役无疑给冠宇增添了不少自信以及实实在在的好处——周日冲刺赛冠宇从第四位发车。发车之后冠宇就升到了第三名，然后一路顺利地将季军带回。在正赛拿到积分之后又登上了冲刺赛的领奖台，再大的心魔都可以散了。

豁然开朗的感觉真好

在摩纳哥站之前，冠宇在第三站西班牙巴塞罗那的加泰罗尼亚赛道已经显露出不错的实力。

首先是排位赛终于取得了一点突破，周六的正赛中冠宇排在第三位发车；然后是发车也很出色，直接在一号弯超越了杆位发车但发车并不理想的队友吉奥托和第二位发车的拉提菲，领跑比赛。好的发车位和发车表现为他冲击个人首个 F2 领奖台奠定了基础。

失去领先位置的吉奥托与法国车手多里安·博科拉奇发生碰撞，导致赛车前翼损坏，不得不进站更换，以致排名掉到了车阵的末尾，冲击领奖台的任务落在冠宇身上。

冠宇的压力很大，追在他身后的拉提菲是 F2 赛场的老手，经历前两站后在积分榜上暂居第一。

拉提菲本来就追得紧，还因为阿莱西冲出赛道触发了安全车，比赛恢复正常后冠宇虽然还在领跑，但只有零点七秒的微弱优势了。比赛第七圈，冠宇和拉提菲等几位车手同时进站换胎，出站之后落到了末尾。由于前面的车手还没进站，所以冠宇理论上依然是此时在场的领跑者。

当其他车手在接下来几圈陆续完成进站之后，冠宇和拉提菲的名次也有

2019 年 F2 巴塞罗那站母子二人庆祝冠宇获得第三名

所提升。

经验丰富的拉提菲直到比赛第三十一圈才发起强攻，冠宇这场比赛没有明显的策略优势，因轮胎衰竭比较严重所以拼尽全力依然没能挡住拉提菲的追击，落到第二。

两圈之后，英国车手韩世龙也追到了冠宇的身后。

比赛进入倒数第二圈时，韩世龙终于找到机会超越了冠宇，冠宇落到了第三位。

虽然没能拿到冠军，但冠宇不仅守住了自己的位置，登上了领奖台，还领跑了本场大半的比赛。这在欧洲 F3 的赛场都是比较少有的情况，在 F2 的赛场上就更不容易了，充分展现了冠宇的实力。他也因此再创历史，成为首位在 F2 中登上领奖台的中国车手。

周日冲刺赛中，冠宇从第六位发车，最终以第四名完赛。

此战过后，冠宇在车手积分榜上排名第五，位列新秀之首。

随着第四站摩纳哥正赛第五、冲刺赛第三的成绩出来，冠宇显得更有冲劲和希望了。

阔别一月之后，F2 迎来了第五站法国站。

法国站的举办地位于保罗·里卡德赛道，这是一条冠宇曾经在欧洲 F3 中征战过的赛道。

冠宇在周五的排位赛表现不错，争取到周六正赛从第二位发车的优势。但这次冠宇的发车不算很理想，起步之后落到了第四位。

比赛才进行到第三圈，就因为多车事故被红旗暂停。瑞士车手博雄与俄罗斯车手马泽平发生碰撞，印度尼西亚车手格莱尔失控将队友米克顶飞，然后博科拉奇又在虚拟安全车[①]

---

① 虚拟安全车，F1 等赛事专业术语，指的是当赛道上发生事故但赛事控制中心认为不足以出动安全车时，用来控制场上赛车行驶速度的一种限速规则。F1 赛事从 2015 年开始引入虚拟安全车规则，当赛道上出现虚拟安全车时，所有车手需要降速 40%，并且禁止超车。——编者注

2019 年 F2 巴塞罗那站冠宇迎来 F2 生涯第一次领跑

2019 年 F2 巴塞罗那站冠宇在 F2 生涯首次登上领奖台

出动的状态下停在了赛道上，简直是一片混战。

好在冠宇见怪不怪了，在比赛重新恢复之后依然守住了第四名。

经过几站的比赛，大家都晓得了轮胎策略的重要性，在大家都没什么策略失误的情形下，整场比赛的攻防也显得波澜不惊，最终冠宇以第四名完赛。

周日冲刺赛中冠宇发车之后一路狂追，在比赛刚刚过半时就已经上升到了第三名，然后守住了自己的位置，最终有惊无险地再次收获一个季军。

连续三站拿了三个季军，无论正赛还是冲刺赛的表现都很稳定，我有一种豁然开朗的感觉。

14.

失去了最好的朋友

下半赛季的比赛冠宇表现得不如上半赛季亮眼。

第六站奥地利，排位赛表现不错，拿到前排发车位的冠宇因为变速箱的问题，不仅追击前方车手未遂，自己还跑出了赛道，排名一度掉到第十五名。所幸经过不断的尝试、克服，在连续的超越中强势追回积分，拿了第六名。冲刺赛后期受制于轮胎衰竭，最终只能排在第八名。

第七站的英国是冠宇的第二故乡，他在排位赛中如有神助，取得了银石赛道的杆位。这不仅是他自己在 F2 中获得的首个杆位，也是本赛季首位获得杆位发车机会的新秀。

可惜正赛中起步得不是特别理想，被队友吉奥托超越，尽管冠宇立刻展开攻势，但还是逐渐被拉开距离，后面又被拉提菲超越，止步于季军。当然，输给两位经验丰富的"老鸟"不是什么太过遗憾的事情，"菜鸟"的第一年就是经历挫折和拼命追赶而不得的过程。

相比后面第八站匈牙利两场都是第九名的成绩，银石赛道的季军表现已经很不错了。

值得一提的是，米克在匈牙利站冲刺赛中凭借倒序发车的优势和出色的防守能力，击败日本车手获得了冠军，成为本赛季继于贝尔之后第二位获得

与爱同行

冲刺赛冠军的新秀车手。

2019 年 8 月 31 日，F2 第九站比利时站的正赛在斯帕赛道拉开帷幕。

比赛才进行到第二圈，就发生了严重的撞车事故。于贝尔在出艾尔罗格弯（Eau Rouge）时为了躲避爆胎失控的前车，不慎撞上了右侧的护墙，赛车反弹回赛道后，又被经过的科雷亚拦腰撞上。

两人被紧急送往医院救治，科雷亚双腿骨折、脊椎轻伤，经过救治后情况还算稳定，但于贝尔因为伤势过重不幸遇难。为了表示对车手的尊重，国际汽联终止比赛并取消了斯帕站后一回合的比赛。

于贝尔比冠宇大三岁，但他们是早年间就认识的好朋友。冠宇进入雷诺青训后两人感情就更好了，上月比赛结束后两人还一起骑车环法，这才过去多久——

冠宇的车当时就在后面，眼睁睁地看着于贝尔陨落在自己前方。

这个悲剧给所有人都带来了很大的心理冲击，也给后面的比赛蒙上了一层阴影。

意大利是本赛季的第十站。

冠宇在排位赛中表现不错，周六正赛从第二位发车，但因为赛车出现了一些问题，很快落到了第五名；后面的一番乱战中也没占到什么优势，跌到第八名；后来在四号弯与拉提菲发生碰撞，不得不在第十五圈回到维修区，遗憾退赛。

他不仅正赛退赛，还因为没给拉提菲留出足够的空间导致事故，被赛会处罚冲刺赛中退后三个发车位。末尾起步，周日这场比赛又是一场苦战，但他不抛弃不放弃，不断地提升着自己的名次，比赛过半时就超到了第七位，最终以第四名完赛，体现了顽强的赛车精神。

以你之名

俄罗斯是本赛季 F2 锦标赛的第十一站，索契赛道是个半永久性赛道，共有十八个弯道，正赛为二十八圈，冲刺赛为二十一圈。冠宇在此站表现也一般，只拿了正赛第十和冲刺赛第五。和阿莱西一起，因为"切西瓜"行为还被赛会加罚了五秒。

"切西瓜"是指没正常走赛道，从缓冲区上切过去。

连续两站违规被罚，感觉冠宇的心态还是没有调整好，稍显浮躁了。

不过在最后一站阿布扎比的比赛中，冠宇的状态回归了一些。

如果说法国的保罗·里卡德赛道像一把步枪，那么阿布扎比的亚斯码头赛道就像一把手枪，多达二十一个弯角。赛道蜿蜒穿过阿布扎比海岸的亚斯岛，经过码头，再穿越亚斯总督酒店，前半部分是高速路段，后半程由一些慢速但富有技术性的弯角组成。

周六进行的正赛是 2019 年冠宇令人印象最深刻的一场比赛，因为他和车队在这场比赛中突破了常规的选胎思路并最终获得了成功。在发车位靠前的情况下，一般车队的策略都是选软胎起步，但是这场比赛中冠宇及其团队冒险选择了硬胎，因为在之前的比赛中他们发现软胎起步的话需要在维修区开启的时候就马上进站，因为大家都选择软胎，所以进入维修区就会很乱。

冠宇在 2019 年 F2 银石赛道举起季军奖杯

冠宇在 2019 年 F2 英国银石赛道登上领奖台

冠宇在 2019 年 F2 阿布扎比站举起季军奖杯

与爱同行

这是一个冒险的策略，但冠宇还是在最后一圈完成绝杀，获得了季军。

能以五次登上领奖台、一次杆位起跑和两个最快单圈在年度积分榜上排名第七，位列所有新秀之首，冠宇在他的个人 F2 首个赛季算是交上了一份令人满意的答卷。

整体来说，冠宇进入 F2 之后的第一年便在很大程度上扭转了外界看他征战 F3 时对于他实力的质疑，同时冠宇也为自己的前路吹散了迷雾。从参加欧洲 F3 时的跌跌撞撞，到征战 F2 时一步一个脚印，走得越来越坚实有力，冠宇成长了，而且证明了自己有能力迈向更高的台阶。

摩洛哥当地时间 2019 年 12 月 11 日晚上 8 点，冠宇在蒙特卡洛接受了由国际汽联颁发的该赛季 F2 锦标赛最佳新秀奖。今年的最佳新秀奖以于贝尔的名义发出，于贝尔的哥哥维克多为冠宇颁发了奖杯。身为好友的冠宇收获了刻着于贝尔名字的奖杯，内心很是感慨，既是缅怀，也是鞭策。

作为 2018 年 GP3 赛事的年度冠军，于贝尔和冠宇同一年加入了雷诺运动学院，同样是新秀。

他和冠宇既是好友、校友，又是对手。在摩纳哥的冲刺赛中，他成为本赛季率先获得冠军的新秀，之后在保罗·里卡德的冲刺赛中再次胜出，赛季结束时他是唯一拥有两场冠军胜绩的新秀车手，而且他的积分在积分榜上排名第十。

F2 赛事 CEO 布鲁诺·迈克尔表示，将最佳新秀奖以于贝尔的名字命名是希望他在今后每个赛季都被牢牢记住，他也一定会被记住。冠宇将这个奖杯带回上海，一直放在我们在上海的办公室里。

"我会继续努力，希望他能为我今后的职业生涯感到骄傲。"冠宇接受采访的时候说。

我们当时都觉得那一天不会太远了。

随着赛事的更名和改制，F2 和 F1 的关系越来越紧密，上赛季 F2 的前三名都已全数毕业，并进入 F1 开启了新的征程，上上赛季的冠军勒克莱尔更是 F1 中炙手可热的明星，他们的成功为后来者提供了宝贵的经验，更明确了未来职业生涯的走向和信心。

可残酷的现实是，别人的成功只是别人的，跟我们并没什么关联。

以于贝尔名义发出的 2019 年 F2 最佳新秀奖奖杯

与爱同行

16.

疫情之困

　　正当大家蓄力冲击新的一年时，疫情给全世界按下了暂停键，赛车圈也是如此。

　　原定于三月份开赛的2020赛季F1一时间不知道被推迟到何时才能开始，F2等一系列比赛也同样停摆。停赛的日子里，车手们虽然也保持着日常训练，维持着不错的竞赛状态，以便为重新开始比赛做好准备，但心里多少都有点忐忑和茫然。

　　谁也不知道比赛和意外哪个会先到来。

　　为了稳定车手的心理状态，也为了抚慰身处疫情中的广大车迷的情绪，F1官方举办了有史以来第一次虚拟大奖赛。闲着也是闲着，有虚拟赛也是好的，虚拟比赛集结了许多车手。

　　冠宇不仅参加了F2的虚拟赛，还参加了F1的虚拟赛。

　　在F2虚拟赛的第二场，也就是巴塞罗那的加泰罗尼亚赛道中，冠宇在超越前方处在第一名的车手时发生了碰撞，虽然被罚时三秒但还是拿了第一名。我打趣他，如果是线下比赛你敢这么撞吗？冠宇嘿嘿一笑，没有回答。虚拟赛没有实际车损，玩起来无所顾忌，真是爽快啊。

　　在F1的虚拟赛中，冠宇多次代表雷诺参加比赛，在第一场的巴林大奖赛就夺得了第一名。

虚拟赛嘛，大家都不会在意，谁能想到两年之后，冠宇会在现实中的巴林赛道上大放异彩？

2020 年 6 月 2 日，F1 官方终于公布了 F1、F2 和 F3 前八场比赛的复赛计划。前八场比赛将全部集中在欧洲的六条赛道上进行。为加强疫情防控，F1 官方出台了很多防控措施。

所有参赛人员必须进行核酸检测，只有核酸检测结果为阴性的人员才允许参赛，每站比赛期间还会额外进行核酸检测；所有的欧洲分站赛将不会有观众和嘉宾，为了防止车迷在赛场外聚集，赛会将会有额外的安保工作；每支车队的现场参赛人员将会受限制，从一百三十人降低至八十人，部分运转职能（如转播）将会远程执行；所有的参赛人员必须单独出行及住宿，并按照时间安排分批到达或离开赛场，保持社交距离；媒体活动将尽量安排在线上进行。

为了应对可能出现的确诊病例，主办方整理了一份九十页的文件，用于指导参赛人员在疫情之下比赛。其中规定，如果恢复比赛后出现确诊病例或车队因感染风险而退出比赛，比赛也不会取消。

由于疫情导致许多常规分站被取消，有些赛道不得不连续两周举办比赛，这样才可以在半年的时间内撑起足够数量的分站赛，以此形成一个像样的完整赛季。同时，因为全年的赛事压缩在半年内举行，赛事频率加快，比赛变得非常密集，连续三周的背靠背比赛就出现了三次。

对冠宇、对车队、对我这样的幕后人员来说，2020 赛季都是不同寻常的艰难历程。

但是我们也非常庆幸，不管再难，现实里的比赛终归还是开始了。

心碎的奥地利之战

时间来到七月份，2020 赛季的 F2 终于在奥地利的红牛环赛道正式打响第一枪。

因为红牛环赛道要接连举办两场比赛，第一周称为奥地利站，第二周称为施蒂利亚站，以此作为区分。前者是赛道所在国家的名字，后者是赛道所在州的名字。

奥地利站周五的排位赛上冠宇以"新人王"之姿在前半段跑出了 1 分 14 秒的超快速度，又在后半段超越自己，将杆位成绩提升至 1 分 14 秒 416，最终夺下本赛季第一个杆位。这个杆位不仅让冠宇率先取得 4 分的年度积分，更让他在周六的正赛发车中拔得头筹。

令人郁闷的是，冠宇的赛车状态并不好。

杆位起跑的冠宇因为赛车轮胎出现空转，在发车阶段就被队友艾洛特超越，但他紧紧地咬在艾洛特身后试图反超。在第一圈的七号弯，他终于寻觅到一个机会，从外线成功实现反超，夺回了领跑位置。

比赛进入第十八圈，冠宇在领跑三人组中率先进站，却再次因为车的问题被晚进站的艾洛特和米克先后超越，落到了第三位。经过两圈的调整，冠宇利用轮胎温度的优势不断逼近二者，利用三号弯先后超越米克和艾洛特，

2020 年 F2 奥地利站冠宇收获 F2 生涯首个杆位

重新夺回领跑位置。

两次超越队友夺回领跑位置，冠宇的驾驶状态越来越好，逐渐拉开了与后面赛车的差距，不出意外的话，这场比赛就可以实现他在 F2 锦标赛上零冠军的突破了。

可是意外还是出现了，比赛进行到第二十六圈时，因为机械故障，冠宇的车慢了下来。

因为故障无法通过远程修复，冠宇不得不返回维修区。

虽然在安全车出动的情况下，冠宇可以进站更换软胎，做最后一搏，但差距实在太大了，冠宇回天无力，最终只能以第十七名的成绩结束比赛。周日的冲刺赛因为发车位置在末尾，虽然完成了几次超越但也仅能以第十四名的成绩完赛。

正赛杆位发车，领跑大半场比赛，最后输在赛车上，真是万分可惜。

看着他的车缓缓驶回维修区，首战首冠的机会从指缝中溜走，我的心冰凉一片。

一个朝气满满的赛季开局对每一个车手都很重要，反过来，一个车况不好、意外频发的开局也会对车手的心理产生一些不好的影响和暗示。但这也是没办法的事，疫情对大家的影响都很大，很多车队的骨干力量都被削弱了，赛事停止，人员空转了半年，配合上也有很多问题。

冠宇只是很不凑巧在第一场就遭遇了这样的打击，运气确实是太差了点。

好在冠宇以前受到的打击太多了，也不差这一回，而且背靠背的唯一好处就是，你根本没有多余的时间去为上一场比赛悲伤或感怀，下个周末的比赛很快就来了。

施蒂利亚站的排位赛冠宇依旧表现得很好，可惜在倒数第二个飞驰圈[1]由于遭到前车无意中的阻挡不得不放弃，失去了杆位发车机会和积分，然后在周六的正赛中又遭遇了雨战，很是辛苦。

正赛后半段，赛道迅速变干，但冠宇采用的是全雨地赛车策略，这使得他在后半段比赛中逐渐失去速度，多次面临后车的追击和缠斗，最后能守住第三名登上领奖台已经不容易了。

冲刺赛中拿到第四名，算是正常发挥。

①飞驰圈，F1等赛事专业术语，指车辆以高速通过起点跑满一圈。——编者注

冠宇在 2020 年 F2 施蒂利亚站举起季军奖杯

让我跨过"第三名"吧

作为 F2 的二年级生，施蒂利亚站的第三名并不能令人感到兴奋。

尤其是在奥地利站因机械故障痛失冠军之后，冠宇一下就损失了大约三十五个积分，即便第二站的表现尚可，形势也十分不利，何况第三站匈牙利站的表现也很平庸。如果后面的比赛像 2017 年欧洲 F3 那样老是在第三名打转，那结果可就堪忧了。

冠宇急需一场打破第三名魔咒的比赛，来给自己涨涨士气。幸好，这场比赛来得不算太晚，在第四站英国的银石赛道，冠宇上演了他在 2020 赛季中令人印象最深刻的一场比赛。

令人印象特别深刻的比赛一般都不会太顺，这站比赛从排位赛开始就不顺利。

因为遭遇车流，去年在自己"第二主场"拿下杆位的冠宇这回只获得了第八名的发车位置。

然后，周六的比赛还没正式开始，团队就陷入了选胎策略的纠结之中。因为队友艾洛特的赛车赛前无法发动，还在暖胎圈[1]中就被直接推回维修区，

---

[1] 暖胎圈，指的是 F1 等赛事在正赛开始之前，车手驾驶赛车绕场慢速行驶一圈，然后再按发车顺序排好的过程。暖胎圈的作用是让赛车的轮胎、引擎等达到合适的工作温度，在正赛前确认赛车工作状况正常，并且确认赛道状况。——编者注

所以团队在这个问题上产生了犹疑。

最终团队决定让冠宇以硬胎起步。

冠宇的发车表现不错，很快取代了第七名。比赛进行到第七圈，他超越了日本车手角田裕毅，将名次提升至第六名，接下来又非常积极地冲击前方的韩世龙，很快便提升名次来到第五名。他在比赛第一阶段的圈速表现非常好，这为比赛后半程的轮胎策略发挥作用奠定了基础。

可是比赛开始时排在他前面的韩世龙和巴西车手德鲁戈维奇也选了和他一样的策略，使用的也是硬胎。

比赛发车之后，杆位起跑的德鲁戈维奇被米克超越，排在韩世龙前面。如果一直被挡在他们身后，冠宇的前轮胎会受到很大的损伤；想要强行超越，大家都是硬胎，又很困难。

冠宇选择了挑战对手，在第十圈发起了对韩世龙的追击。

"整场比赛基本上就是管理我的轮胎，以及在需要的时候做出超车，我选择在第十圈做这件事并且做到了，干净利落地跑到了前面。"冠宇赛后对自己的表现很满意。

超越韩世龙后再挑战德鲁戈维奇成了几乎不可能完成的任务。

冠宇足足跟了他八圈，直到他进站后才找到机会。德鲁戈维奇进站后，冠宇有了开阔的空间，之后的两三圈他的车速特别好，这为冠宇后来居上奠定了基础。

比赛来到第二十二圈，冠宇终于进站换上了较软配方的轮胎，比赛此时还剩下七圈。

出站之后冠宇回到了第八名，但是巨大的轮胎寿命差异成了他"点燃火箭"往前赶超的助推剂。他在第二十三圈于

"威灵顿直道"上轻松超越艾洛特升到第七名。前方的印度车手达鲁瓦拉只领先他零点四秒，冠宇在九号弯前超车成功。出站后第一圈就行云流水地提升了两个名次。

此时前方角田裕毅和米克正在缠斗中，冠宇趁机快速缩小差距。

出站后第二圈，冠宇在外线轻松超越米克上升到第五名，紧接着在十五号弯从内线超越角田裕毅来到第四名。恰好前方瑞士车手德莱特拉有一点点失误，冠宇砍瓜切菜般快速超越了他。

一连超过五辆车后，冠宇上升到了足以登上领奖台的名次。

此时比赛还剩下最后五圈，冠宇不断努力拉近与第二名丹麦车手伦高之间的距离，终于在两圈后顺利超越伦高升到亚军的位置。而这，显然已是冠宇这场比赛的极限了。

虽然没能在最后追上马泽平获得常规赛冠军，但这个过程真是看得人热血澎湃！

同时，这个亚军也打破了"二年级第三名"的魔咒，让我们都安心了一点。

19.

索契夺冠

确实只安心了一点，冠宇在后面的比赛中并没有芝麻开花节节高。

除了在第六站西班牙加泰罗尼亚赛道正赛和第七站比利时斯帕赛道冲刺赛中各拿了一次第三名之外，其余的比赛冠宇都表现平平，意大利蒙扎赛道周日的冲刺赛和意大利穆杰罗赛道周六的正赛更是因为赛车故障两次退赛。

其中，蒙扎一战几乎重演了奥地利之战的悲剧，也是在胜利在望的时候意外突然降临。

事实上，西班牙站开赛前冠宇的赛车也出现了引擎故障，幸好还有时间更换。

眼看本赛季只剩下最后三场比赛，冠宇的积分排名却从第五名落到了第八名，说不担忧是不可能的。但是主要问题又不是出在他的身上，而是在车本身，说实话我们真的很无力。

冠宇在连续两站都因故障退赛后，心态和手感都不是很好，所以不论在周五的排位赛还是周六的正赛表现都一般，最终只拿到了第八名。但是这个名次却令所有人的寒毛都竖起来了。

因为冲刺赛倒序发车的规则，这标志着他将在周日获得杆位发车的机会。

要知道，去年的比赛中于贝尔和米克都曾凭借这个规则拿到过自己的

F2首胜。这一回幸运之神将胜利的天平向冠宇倾斜，或许就是他重整旗鼓的机会。

冠宇没有辜负这份幸运，他牢牢地抓住了这次机会。

在周日的冲刺赛中，杆位发车的冠宇起步就非常出色，率先杀入一号弯开始领跑全场。但是比赛一波三折，才第一圈，巴西车手萨马亚与英国车手休斯就发生了剐蹭导致爆胎，引出了黄旗。冠宇没法拉开与后车的差距，身后的俄罗斯车手马泽平只落后他不足一秒的距离。

然后比赛进行到第七圈，韩世龙与吉奥托又发生了碰撞，双双冲入防护墙，吉奥托的赛车还引起了大火。因为局势非常危险，赛会出示红旗暂停了比赛。

随后，考虑到紧随其后的F1赛事马上到了，赛会终止了这场F2的比赛。

依照参赛车手按照比赛中止时所处位置计算成绩的规定，冠宇获得了这场冲刺赛的冠军。不过由于比赛没能完成规定里程数的百分之七十五，车手取得的积分将减半。

以冠宇的实力，从杆位出发，在没有车祸、没有故障的情况下拿冠军也是很有可能的。如果允许选择，我可能更愿意看到一场完整的比赛、一个积分没被减半的冠军。

那样的话，吉奥托和韩世龙也不会受伤，多好啊！

事实上我们很庆幸两位车手有惊无险，否则我们就算拿了这个冠军也高兴不起来。我和冠宇一直秉承着一个原则：人生的际遇可能高低起伏、变换莫测，最重要的是人与人之间的情感。

所以，感谢对手的平安，感谢倒序发车的规则给了冠宇一个冠军。

冠军总是美好的，毕竟赛制对所有人都一视同仁。

重凝战魂

接下来巴林站两场四回合的比赛中，冠宇在第一场表现一般，在第二场拿了正赛亚军、冲刺赛第四的成绩，最终只能以第六名的年度排名结束 2020 赛季的角逐。

一时间嘘声四起。

"霉运缠身"和"技不如人"的各种嘲讽扑面而来。

这就是影响力扩大后的另一面，喜欢你和支持你的人越来越多，打击你和笑话你的人也越来越多。自从腾讯视频 2019 年开始转播 F2 以来，冠宇就被打上了"全村的希望"的标签，寄托了广大中国车迷的厚望。如果说米克背负的是姓氏的压力，那冠宇背负的压力其实更大。

2019 年大家就盼望着冠宇一举进入前三名，像那几位天才少年一样大步跨入 F1，当然这太难了，所以拿到最佳新秀奖也还过得去。

米克直接跨越十一个名次夺冠了。

再一对比，冠宇这个只往前挪了一名的成绩实在没法看，被口水淹没很正常。

冠宇当然是很失落的，毕竟除了外界巨大的压力之外，再跑一个第三年，不确定性只会更大，而不是更小。能不能夺冠且不说，就是拿到冠军，作为一个"三年级生"，争夺 F1 席位时有多少胜算？

我问冠宇："你认为自己做好分内的事了吗？"

冠宇点点头，但还是有点低落地说："我们不是很稳定。"

开局就丢失几十个积分，从稳坐钓鱼台的领跑者变成必须拼命追赶的后来者，心态当然会在潜移默化中发生变化，这是谁都无法阻止的，因为人不是机器。

"原因呢，有没有好好想过为什么会是这样一个开局？"

面对这个问题，冠宇沉思了半晌才回答："我们为了追求揭幕战的开门红，在赛车的调校上可能太激进了，很不幸，又碰上这代 F2 赛车的特性非常不稳定，所以吃了个大亏。"

"这就是活生生的欲速则不达的例子。"我笑。

"是啊，失了先机，后面为了追赶积分，正赛几乎都采用了反战术，可是其他车队也缓过劲来找到了感觉，于是我们就一而再再而三地陷入了拼刺刀状态，结果是越来越逆风。而我在逆风局里的表现也不是特别好，虽然也有些赏心悦目的超车，但是并没有释放所有的潜能。"

"吃一堑长一智，明年改进就好了。"

"多跑一年又要多花一年的钱。"冠宇有些不安。

"难道你进入 F1 就不花钱了？越往上花得越多。除非你能停下，你愿意吗？"

当然是不愿意啊。别说冠宇不愿意，我和我先生也不愿意。

奋斗了这么多年，好不容易跑到 F2，青春、金钱一股脑注入进去了，临门一脚怎么停得下来？一脚不行再踢一脚，第二脚不行再踢第三脚。不就是"三年级"嘛，我们又不是没有跑过。

与爱同行

至于外界的嘲讽和质疑，我问冠宇："这些话能提高或降低你的积分和名次吗？"

　　冠宇摇头，笑了笑。

　　竞技体育就这点好，关键与核心的东西明晃晃地摆在那里，不容易走偏。

　　"不可否认，排在你前面的人都很强，但各人有各人的运气和使命，我们不要钻牛角尖，非得跟别人比。把自己还给自己，把别人还给别人，尊重并祝福别人，然后继续走我们自己的路。"

　　"好，那我们再试一次，最后一次。"

2020 年 F2 巴林站第二场冠宇举起亚军奖杯

FIVE

乘风破浪会有时

长江后浪推前浪

赛车可以一直开，但进入 F1 的机会只有一次了，我们心里都清楚。

只剩下一次机会，很多事便不得不考虑得更加周全，比如超级驾照那四十个积分。我们以前是从来没有为这个事情担心过的，毕竟只要进入前三名就能直接拿到四十个积分，如果连前三名都进不了，那百分之九十九点九的概率是根本无缘 F1 的。可是这些年走过来，我们深感"理所当然"的事越来越少，不确定性越来越大，谁知道 2021 赛季又会出什么幺蛾子呢？

2019 赛季结束的时候，我们也预想不到会出现全球范围内的超大疫情。

2021 年还只是疫情发生的第二年，我们也不知道它啥时候能真正结束。

万一冠宇本来表现得非常好，可就是因为某些莫名其妙预想不到的原因丢了前三名呢？

我有时候甚至会和冠宇开玩笑，说他会不会把大部分的运气都用在投胎上了，有了我和我先生这样堪称模范的父母，所以比赛上的运气就差一点。既然如此，那就先做些准备吧。

于是冠宇报名了 2021 年亚洲 F3 锦标赛，代表 Prema 车队参赛，也算冬季训练。

冠宇拿了总冠军，但其实我们并不想也不好意思宣扬，毕竟一个国际汽联 F2 锦标赛的前几名、二年级生去跑亚洲 F3 锦标赛，纯属欺负人了。

超级驾照不成问题，冠宇的 2021 赛季就十拿九稳了？并没有，事实上还更难了。

2019 赛季其实是冠宇三年 F2 生涯中竞争对手的水平相对弱一点的赛季，2018 赛季年度前三名拉塞尔、诺里斯和泰国车手阿尔本都顺利进入了 F1，剩下"复读"的车手虽然也很强，但都无法与这三位天才相提并论，新秀里面也没有天赋特别出众的，大家水平都不相上下。

2020 赛季竞争激烈多了，因为进军 F1 的荷兰车手德弗里斯和加拿大车手拉提菲都是老将，上个赛季的新秀扎堆留了下来，经过一年的学习和适应，大家都有了长足进步。与此同时，一批天赋很高的新秀又上来了，比如 2019 赛季 F3 锦标赛的年度冠军、拥有俄罗斯和以色列双重国籍的车手施瓦茨曼，备受本田和红牛青训营青睐的日本小将角田裕毅。事实上，二年级生比我们想象的进步还要大，而新秀更是表现亮眼。

2021 赛季更别提了，除了施瓦茨曼、提克图姆、达鲁瓦拉等在 F3 阶段就表现非常优秀的二年级生外，新秀更是来势汹汹。澳大利亚车手皮亚斯特里、新西兰车手劳森、法国车手波谢尔，还有半个新秀爱沙尼亚车手维普斯都备受瞩目，尤其是皮亚斯特里，这个比冠宇小两岁的青年车手 2020 年拿了 F3 锦标赛的年度总冠军。

或许这就是 F2 最吸引人的地方吧——万里挑一的车手济济一堂，既有天赋经验都很强，但是因为种种原因未能进入 F1 的老将，同时又不断涌现天赋异禀的新秀。相同的赛道，对比 F1 差别没那么大的赛车，比高考争夺清华北大还要激烈的氛围，能不好看吗？

如果冠宇没有进入这一行，我也会大呼精彩，希望大家一个更比一个厉害。

但是冠宇入了这一行，冲进了 F2 的赛道，我心里就巴不得其他车手都不行。比赛好看不好看的，作为参赛车手的母亲，我是真的不在意。可惜，现实并不会为了我稍加通融。

别的车手也有母亲，他们的母亲也一样盼着自己的孩子是最厉害的那个。

后浪能不能推动前浪，前浪能不能不死在沙滩上，赛季初都只是个谜。

F2 远比我们想象的好看

2021 赛季国际汽联又对 F2 的赛制进行了改革，从去年每周末举行两回合比赛增加至三回合比赛。回合数增加后比赛站数相应减少，变成八站。写到这里，我脑海里不禁就浮起了"八站八胜"这个词。真是个美好的词语，一段美好的回忆啊，就是太遥远了。国际汽联 F2 锦标赛的"八站八胜"只能存在于梦里。

总共八站比赛中，摩纳哥、巴库、索契和首次亮相的吉达赛道都是街道赛道。

冠宇如今不怕街道赛，但也不喜欢，主要是变数太大了，心里没底。

赛制顺序也发生了变化，以前都是周六先比正赛，周日再比冲刺赛，现在倒过来了，周六先进行冲刺赛，而且冲刺赛变成了两场，周日再进行正赛。

发车顺位也发生了变化，以前冲刺赛是按照正赛成绩前八名倒序发车，现在改为第一场冲刺赛按照排位赛前十名倒序发车、第二场冲刺赛按照第一场冲刺赛的成绩前十名倒序发车了。

从外而内几乎每个环节都发生改变的赛制，令比赛的难度和挑战性都更大了，而冠宇这样的老将及其团队，尤其需要突破一下惯性思维，毕竟正赛和冲刺赛的时长和规则都不同，体力和策略上相应地也需要微调。从某种程度上，这也使得新旧车手之间的比拼更公平一些。

事实上，这也是 F2 与 F1 相比一个很大的不同：赛制更复杂多变。

这主要是因为 F2 的赛车是统一规格的，虽然也会因为工程师的水平参差不齐导致调校上的差异，但绝对不会出现 F1 比赛中不同赛车在水平和技术上有那么大鸿沟的情况，所以每年的调整就常常落在了赛制上。站数多寡以及赛道分布的变化首先会影响其中一部分车手的行程和状态，而回合数的增加又带来了倒序发车的变化和积分上的更大变化。正赛和冲刺赛的调整也一样会有影响。

综合而言，2020 赛季就比前两个赛季增加了更大的变数。

2020 年虽然赛制比起 2019 年没有改变，但因为疫情的原因，时间上产生了很大的变化，这给车队和车手造成的压力一点都不小。不过对观众来说，变化本身就是新鲜感的来源之一。

一开始领先的不一定能一直领先，暂时排在后面的也不用气馁，还可以奋起直追，创造奇迹，同时还能给一些天赋不是最顶尖、技术不是最全面的车手提供很好的机会来展示他们如果领跑会表现出怎样的技术和水平。兼顾公平的同时增加了很多的观赏性。

当然，F2 的赛车是统一规格的，并不意味着赛车本身没有变化。

比如 2018 年至 2023 年使用的这一代 F2 赛车，性能上就比以前强了很多。3.4L 双涡轮增压引擎最大可以爆发出 620 匹马力，更大的下压力和更宽大的轮胎让 F2 的赛车操控难度要远大于 F3 赛车。

虽然 F2 正赛中只能换一次轮胎，策略上的变化不如 F1 比赛多，但车手也因此需要在比赛中更加小心地使用轮胎，并尝试通过维持轮胎的性能来创造更多的机会。

与此同时，F2 中车手的轮替比 F1 中要频繁很多。

F1 的二十个车手每年都有人员变动，但大多数还是在 F1 各车队中进行流动。F2 就不同了，因为这个阶段的车手不会像 F1 阶段的一样牢牢地固定在座位上，很多人一看进 F1 无望就各奔前程去了，所以来来去去很多人。

F1 因为只有二十个席位，席位之争异常吸人眼球，但 F2 因为要参与到 F1 席位的争夺中，其竞争之激烈也不遑多让。

事实上，F2 的暗流涌动也许比 F1 明摆着的比赛和积分之争，还更能激起车手们求胜的欲望。

巴林正赛夺冠
吹响冲锋号角

和 2019 赛季一样，2021 赛季国际汽联 F2 锦标赛的揭幕战也是在巴林。

排位赛冠宇取得开门红，以千分之三秒的优势战胜了青训队友伦高，夺得了杆位。

由于倒序发车，夺得杆位的冠宇在周六的第一回合冲刺赛中只能排在第十位发车，一番拉锯战后以第七名完赛。第二回合冲刺赛在夜里举行，冠宇在第四位发车，因为冒险选择了软胎，又不幸遇见了安全车，导致最后一圈因为轮胎的差距丢掉了领跑的位置。与皮亚斯特里、伦高上演了一番龙争虎斗后，冠宇终不敌轮胎更新的另外两位，以第三名的成绩结束比赛。

这是冠宇本赛季登上的第一个领奖台，但我们都不太在意，因为第三名拿得太多了。

大家的关注点都在周日的正赛上，要知道这又是一次杆位起跑的比赛。

几乎与去年一模一样的开局，但是赛制变了，我们也不知道接下来会发生什么。总是发生意外多少会给人一点负面的心理影响，我们总是鼓励和希望车手不要受影响，但自己都很难避免。

果然，发车又不是很顺，冠宇起步就有点慢，因此被身后的伦高超越，丢掉了第一名的位置，紧接着又在四号弯被队友德鲁戈维奇超越。这个开局和较硬的轮胎配方关系很大，这种轮胎升温比较慢。

更不幸的是比赛刚开始，赛会就出示了黄旗，意大利车手德莱达和以色列车手尼桑尼撞车，触发了安全车。

后面的比赛中，皮亚斯特里凭借安全车出动的机会逐渐缩小了差距，然后凭借软胎的优势超越德鲁戈维奇上升到了第二名，然后再次超越伦高上升到了第一名。此时冠宇在哪儿呢？他又被新西兰车手阿姆斯特朗超越落到了第五名。第一阶段使用硬胎遭遇其他使用软胎的车手追击造成的不利局面非常考验冠宇的心态。

冠宇拿下 2021 年 F2 首站巴林站正赛冠军

冠宇稳住了，心态冷静，技术发挥稳定，他靠全力压榨硬胎的性能逐渐提升着名次。

到第十六圈进站时，冠宇终于追到了第三名。

然而最不幸的事还是发生了：安全车再次出动了！

冠宇因为刚刚进过站，痛失了安全车出动下进站换胎的机会，只能排在第六位看着其他车手进站，相当于一下掉了好几个实际的名次。以前类似的情况下自己占了便宜有多开心，现在就有多郁闷。

身处赛道外的我也只能在心里叹气，默默地为冠宇惋惜。

为什么每次都这么对待冠宇呢？不是车坏掉，就是安全车出动这种捣乱的戏码。一次次的经历让我的内心都要崩溃了。

但是冠宇没有放弃，他在比赛后半程勇敢地开始了他的超车秀。

他先是在直道上通过内线抢位超越了被甩到后面的伦高，上升到第五名；然后又在弯道抓住机会超越正好被队友德鲁戈维奇阻挡的阿姆斯特朗，上升到第四名；接着又超越了队友德鲁戈维奇，上到了第三名。

德鲁戈维奇的状态其实也很好，但冠宇换上软胎后在速度上更有优势。

有趣的是赛会此时突然开始疯狂给车手发五秒罚时的小卡片，好在遵纪守法的冠宇没有领到这张小卡片，所以在比赛进行到第二十一圈时，他正式启动了冠军争夺的按钮，对前面的两辆赛车发起了追击。在第二十三圈时，冠宇在一号弯启动DRS①超越了皮亚斯特里，上升到了第二名。

此时他的前面只有荷兰车手弗尔肖了，但身后的皮亚斯特里也没放弃追击他。

① DRS，一种可调的扰流板控制系统，又译为"可调式尾翼"，打开后可以通过降低车辆的空气阻力以提升车辆速度。——编者注

三人又是一番追逐与攻防。比赛进行到第二十七圈时，冠宇抽头①准备向第一名发起冲击，弗尔肖则画龙②进行防守，皮亚斯特里趁此机会追上并贴了上来，三人缠斗得惊心动魄。

　　到了第二十八圈时，冠宇在四号弯再次抽头，使用 DRS 终于成功超越了弗尔肖。

①抽头，指在 F1 等赛事中，车手通过调整车辆的行驶线路和速度，以便在转弯的过程中获得更好的通过性或者更快的速度。——编者注
②画龙，指在 F1 等赛事中，为了防止在后方的赛车吸尾流以提速完成超车，前车会左右摇晃，前车这种动作被称为"画龙"。——编者注

冠宇在 2021 年 F2 首站巴林站举起冠军奖杯

上升到第一名的冠宇只要顺利领跑四圈就能拿到冠军了！

临近结束时，皮亚斯特里和提克图姆发生碰撞，前者停在了砂石地上，后者再接再厉又超越弗尔肖上升到了第二名，然后在最后一圈疯狂赶超冠宇，但是冠宇没有给他任何机会。

这场看得人心都提到嗓子眼的比赛终于以冠宇的胜利告终！

杆位起跑，拿到冠军，看似一场平平无奇的比赛，过程其实跌宕起伏，无比精彩。

巴林这场胜利是冠宇参加 F2 以来第一次正赛夺冠，对比赛成绩具有重要意义。但我更看重的是他能在意外状况频发的困难状态下不断超越对手赢得冠军，这意味着他在心态和意志方面也实现了很大的突破。运气不可能一直好，但心态和意志力必须一直好。

04.

摩纳哥二冠

不管怎么说，第一站拿下四十一个积分领跑榜单，对我们来说都是很大的慰藉。

大约两个月后，令所有人恐惧的摩纳哥站开赛了。

不过摩纳哥站对我们来说有着比较美好的回忆，2019 年初登 F2 时，冠宇在这里运气很好，冲刺赛还拿了第三名。加上今年巴林首战告捷，我们的情绪还算稳定。

考虑到赛道的特性，主办方将排位赛分成了两组进行。冠宇被分在 B 组，获得小组第五名，由于杆位属于 A 组，他的排位赛成绩只能排在第十位，但是倒序发车的规则让他在首回合冲刺赛中能以头名起跑。

北京时间 5 月 21 日，冲刺赛首回合的较量开始了。

暖胎圈之后发车，冠宇的起步非常顺利，守住了位置。

但第一圈赛会就出示了黄旗，施瓦茨曼撞上了护墙导致前翼受损。

因为出现黄旗，冠宇迟迟没能将伦高甩出 DRS 区，好在这条赛道的超车难度非常高，十圈后冠宇依然领跑，并且将领先优势逐渐扩大到了两秒左右，他此时需要做的就是保持节奏，别失误。

伦高的赛车随后突然爆缸，他拖着爆缸的引擎跑了两圈后还是遗憾退赛

与爱同行

冠宇在 2021 年 F2 摩纳哥站首回合冲刺赛中再次夺冠

了，冠宇的优势更大了。

二十圈之后，冠宇依然处于榜首位置，领先后车即自己的队友德鲁戈维奇三秒以上。

比赛进入第二十五圈，有车手撞上护墙停在赛道边上，赛会出动了虚拟安全车。第二十七圈比赛恢复，但已失去了悬念。冠宇率先冲过终点，拿到了本回合冲刺赛的冠军。

北京时间 5 月 22 日，冲刺赛第二回合的较量开始，这是场雨后湿地赛。

地面湿滑，巴西车手佩特科夫发车即撞墙引发黄旗。因为倒序发车，在首回合中夺冠的冠宇只能从第十位起步，然后在连续的黄旗和安全车出现的情况下逐渐失去超越的机会，于是车队选择在虚拟安全车第三次出动时进站换胎，然后放手一搏。可是天气没有配合这一策略：由于赛道变干，赛车的速度很慢，新换的光头胎①并没有发挥出应有速度，不得不在第十五圈时重新进站换回雨胎，因此浪费了大把时间。

赌一把的策略不能说对错，但后果显而易见——不仅没超成车，还落后了好多位置。

但这还不是最后的结果，恐怖的摩纳哥站一定会事故频发。第十八圈时伦高成为第四个在一号弯撞墙的车手。第二十二圈时四辆赛车激战，冠宇在一号弯冲出赛道。第二十五圈时荷兰车手维斯卡在一号弯把德国车手贝克曼顶出赛道。冠宇虽然驶回赛道，但只能垫底，没有积分。

北京时间 5 月 23 日，正赛的争夺终于拉开序幕。

冠宇从第十位起步，距离领奖台实在是太远了。

第十圈，队友德鲁戈维奇进站，冠宇的名次暂时上升到了第九位。

---

① 光头胎，在干地情况下，F1 等赛车比赛使用的一般都是没有任何花纹的干地轮胎，这种轮胎被称为"光头胎"。——编者注

二十圈之后，前十的多位车手陆续进站，冠宇的名次一度上升到了第六。不过迟迟未进站的他感觉越来越吃力，被德鲁戈维奇追到了身后。

第二十八圈，施瓦茨曼的速度下滑得比较明显，还没进站的冠宇此时已经来到了第四位。

第三十圈，施瓦茨曼进站，工程师在换胎的时候也出现了明显失误，出来之后他下滑到了第五位，冠宇此时已经来到了第二位，在波谢尔进站后开始领跑比赛。

第三十一圈，阿姆斯特朗撞车导致虚拟安全车出动。第三十二圈，德国车手曾德利的赛车轮胎抱死直接撞上护墙，但是赛会也只出动了虚拟安全车。虚拟安全车对冠宇影响不大，因为此时进站不算作强制进站次数。第三十四圈，虚拟安全车再次出动，冠宇依然选择继续留在赛道上。

直到第三十七圈，冠宇才终于进站，出站之后处于第四的有利位置，排在德鲁戈维奇后面。由于轮胎温度不够，这一圈冠宇显得有些挣扎，以致被身后的施瓦茨曼超越，但他非常漂亮地防守住了博尚的冲击，守住了第五名的位置，并在最后一圈跑出了全场最快单圈速度。

此站结束，冠宇以六十八分依然排在车手积分榜榜首。

巴库就是天然带剧本的

阿塞拜疆站的巴库城市赛道是个奇特的存在，平时很少有人能想起它，因为它在众多 F1 赛道中实在是太不起眼了，但只要一进入比赛，你就会发现它仿佛是天然带了剧本一样，事故频出，存在感特别强。不信你们去看看2021 赛季的 F1 正赛。

这是因为大家忽视了它的"蔫儿坏"之处。

实际上，巴库城市赛道同时囊括了 F1 赛道的"三最"：海拔最低，整条赛道大部分都在海平面以下，最低点低于海平面近 25 米；最长的全油门区域，从十六号弯到一号弯长达 2.2 千米；最窄的弯角八号弯只有 7.6 米宽。

这种特性非常考验车队对赛车的调校水平。

与此同时，因为赛道地处里海湖畔，阳光和来自湖面的风会在一定程度上影响赛道的抓地力，尤其是直射的阳光会影响车手在通过中低速弯时的驾驶视野。而长直道对轮胎和前刹车的冷却作用又十分明显，轮胎的抓地力减弱以及刹车的下降容易导致前轮抱死。

这些认识在 2021 年之前我还没有。

冠宇 2019 年在这条赛道上的经历虽然也很坎坷，但我更多地将它归因于"大意"，直到 2021 赛季冠宇在巴库冲刺赛第二回合"起步即轮胎抱死"

与爱同行

的悲剧发生后，我才意识到这条赛道的难度。

因为冠宇轮胎抱死，直接撞上了前面的提克图姆，两车双双冲出赛道。冠宇直接退赛，提克图姆名次跌落到了队尾。然后博尚和曾德利也发生了碰撞，双双退出比赛。

比赛进入第六圈，尼桑尼与维斯卡发生了追尾，赛会再次出示黄旗并出动安全车。到了第八圈比赛刚恢复，伦高又被挤出了赛道，阿姆斯特朗随即撞墙，又引发了虚拟安全车。值得一提的是提克图姆居然从队尾一路追击，最后跑到了第六名，非常厉害。

因为冠宇本回合退赛，积分榜上的争夺一下子激烈起来。万幸的是排在第二位的皮亚斯特里第一回合也退赛了，所以两人之间的积分差距没有多大改变，冠宇甚至因为第一回合拿了第三名，略优于皮亚斯特里在第二回合的名次，积分上还增加了一点点优势。

如果正赛发挥正常，冠宇还是有希望继续领跑榜单的，但事与愿违往往才是人生。

冠宇第八位发车，并不算很差，但或许是周六退赛后车辆重新调校不佳的缘故，他的表现一反常态，非常挣扎。加上多位车手的罚停导致维修区出现了大量非安全释放①的情况，冠宇试图凭借换胎优势超车的策略也没有成功，甚至自己还被逼出了赛道。

虽然后面回归了，但后轮胎性能的衰减还是扼杀了他再次超车的念想。

比赛进行到第二十七圈，冠军争夺战正式打响，但已经和冠宇没关系了。那是维普斯和皮亚斯特里的决斗。最终维普斯率先冲过终点线，皮亚斯特里

---

① 非安全释放，F1等赛事专业术语，指当赛车离开维修区时与其他赛车发生碰撞或近乎碰撞的危险情况。一般情况下，准备出站的赛车需要让正在维修通道中还没有完成进站的赛车先通过，然后才可以驶离维修区，非安全释放的发生大多是车队错误判断了安全放车的时机。——编者注

冠宇凭借在 2021 年 F2 巴库站冲刺赛中的优秀表现再次登上领奖台

收获第二名。

本场最后的冠军争夺战和冠宇没关系，但积分榜单的巨大变化和冠宇可是息息相关。因为自己仅排名第十三位一分未得，而皮亚斯特里则豪取十八分，冠宇几乎失去了之前攒下的所有优势。

五分的差距，对天才云集、瞬息万变的激烈比赛来说，冠宇想要后来居上的可能性微乎其微。

冠宇本来明媚如春天的开局一下子泛起了迷雾。

这样揪心的剧本广大车迷可能很喜欢看，但对我来说真是无比折磨。

悲喜交加的银石大战

更揪心、更折磨的还在下一站。

2021 年 6 月 16 日，第四站英国银石站如约而至。

周五的排位赛，冠宇在赛会出示红旗中止比赛前的最后一刻刚刚完成飞驰圈，在没有调整出最佳状态的情况下遗憾与杆位失之交臂，名列第二，但这也不失为一个不错的开局。

但运气这个东西真的不好说，"福无双至，祸不单行"的老话常常应验。

周六的两场冲刺赛，冠宇的处境就无比艰难。首回合他倒序从第九位发车，比赛只通过了三个弯角，赛车就突然打转，然后熄火，一圈都没跑完，比赛就结束了。

第二故乡、优势赛道、涉及积分排名的关键场次，这真不是一个好消息。

受此影响，冲刺赛第二回合冠宇要从第二十二位即末尾发车。

这无疑是一个很难去提升名次的位置，但冠宇还是发挥出他找机会的能力，在比赛开始之后于一片混乱中寻觅到时机快速提升了一些名次，可是当比赛进入稳定阶段之后，想要超车就没那么容易了，最终只能以第十一名完赛。拼尽全力，一分未得。

冲过终点线后，冠宇有些无奈地摇了摇头，看起来很沮丧。

我非常能理解他当时的心情，连续四场比赛没有拿到积分，排名不知道要掉到哪里去。眼看本赛季赛程即将过半，再这样下去通往 F1 的浮桥就要沉下去了。

从赛季初的意气风发到赛季中的挣扎求生，这种感觉如同心里坠着一块石头。

我也非常无奈与焦虑，但我知道此时的冠宇一定比我更沮丧与无奈，所以我要求自己平静下来，先去好好地鼓励与安慰冠宇。

冠宇心情放松了一点，毕竟周日的正赛中他可以在头排起步，还可以力挽狂澜。

决心放手一搏的冠宇果然在正赛里迸发出了巨大的能量。

起步后不久，他就在一号弯强势超过杆位发车的皮亚斯特里，取得了领跑的位置。好的开始是成功的一半，冠宇后面的节奏一直保持得非常好，直到第九圈完成进站后，依然是理论上的领跑者。待其他车手都完成进站之后，他非常舒服地回到了自己的领跑位，最终赢得了周日正赛的冠军。

"这可能是对我的补偿吧，毕竟周末过得并不算顺利，这个冠军给了我很多信心。"

"今天是一场完美的比赛，车队给了我一辆很棒的赛车。"

赛后接受采访时，冠宇的脸上终于有了笑容。

银石的这个周末对冠宇来说真的是百感交集。在排位赛表现不错的情况下，两回合冲刺赛都没有取得积分，这是非常让人难过的。不仅是积分榜上损失了很多优势，他的自信心也遭受了重创。

这也是 2021 年 F2 比赛周末赛制的困难之处：如果有一

冠宇在 2021 年 F2 银石站拿下正赛冠军

2021 年 F2 银石站赛前，冠宇在做准备

与爱同行

个环节表现不佳，那么整个周末都会受到很大的影响，车手们面临的压力会更大。好在冠宇及时调整状态，拿下了周日正赛这一冠，一方面在积分上实现了止损，一方面也挽救了濒临崩溃的信心。我也松了一口气，最起码可以让大家知道不是他不行。

本场比赛收获二十五个积分后，冠宇的总积分达到一百零三分，在车手积分榜上仅落后皮亚斯特里五分，排名第二。这挽救了排名，挽救了自己的信心，也撑住了通往 F1 那道岌岌可危的浮桥。

毕竟正赛冠军在席位争夺时的分量还是比较重的，多一个就多一分生机。

席位之争一触即发

赛季过半，由 F2 通往 F1 的浮桥缓缓升起。

新一年的 F1 席位大战在没有比赛的夏休期烽烟四起。

前两年我们是不敢想的，因为确实够不着。论天赋，冠宇不算天才里的绝顶天才，2019 年作为新秀登场就能冲进前三一举拿下 F1 参赛席位的可能性实在是太小，就算把各种负面因素都排除，第一年想进前三还是有点难的。2020 年首站表现低迷，整个赛季状态起起伏伏，纵有亮点，也被赛车频繁出现的状况给遮蔽了。

但是 2021 年上半赛季冠宇至少在成绩上是能看的。

虽然经历了巴库和银石连续四场退赛和失利，冠宇的积分从第一名掉到了第二名，但就整体而言冠宇的成绩还是很漂亮的。毕竟拿下了三个分站冠军。

就上半赛季冠宇自身的表现来看，当然是值得争取一下 F1 席位的。

而且这已经是冠宇征战 F2 锦标赛的第三年了，哪怕有一丝希望也是要去争取的。

可是这 F1 的席位之争实在是太恐怖了。陪着冠宇进入方程式赛车领域这些年，我也算经历了一些人和事，长了一些见识，可是之前经历的所有人和事全部加起来放在 F1 的席位面前，也是小菜一碟。

众所周知，F1 车手的席位只有二十个，"吐故"才能"纳新"，除了极少数天才里的绝顶天才不用发愁之外，其他人的晋升注定是要经历腥风血雨的，因为那将是一场综合实力与运气的大比拼。

尤其是前面三年从 F2 送进去了七位年轻天才，通往 F1 的浮桥变得更加拥挤了。

就在 2021 年，刚进入 F1 两年的阿尔本就被挤出来了，想想都残酷。

更残酷的是雷诺旗下的 Alpine 车队也没有位置。阿隆索回归后签了两年合同，法国车手奥康本赛季到此时为止表现都很好，刚刚与车队续约到 2024年，冠宇的希望又少了一半。

毕竟通过青训关系进入 F1 车队或客户车队是近些年来 F2 车手晋升的主流途径。往前数五年进入 F1 的二十位新秀中只有三位在此之前与 F1 车队没有直接关系，其余十七位新秀中有四位是以试车手身份被提拔为正式车手的，另外十三位都是通过青训这条途径进来的。

由于雷诺没有客户车队，其旗下的青年车手升入 F1 的途径较其他车队体系的途径就更狭窄了一些。自己车队没有位置，冠宇想进入其他车队体系的希望就更渺茫了。

事实上，就算雷诺有席位，冠宇能拿到的希望也很渺茫，因为青训本身也非常"内卷"。

雷诺青训队伍本身的实力就很强，尤其是今年冒出来的新秀皮亚斯特里。银石大战之后，虽然皮亚斯特里拿的冠军没有冠宇多，但他的稳定性还是把他送到了积分榜榜首，他的积分已经比冠宇多出五分了。五分看上去是不多，但他是新秀，第一年上半赛季就开始领跑积分榜，潜力得多大。

何况在他们一众小年轻之前，雷诺还有已经签下的 F1 前红牛车手科维亚特，他在 2021 年帮 Alpine 车队做了大量的测试。哪怕是在车队内，明显也是僧多粥少的局面。

那么冠宇的机会究竟在哪里？我们都很担忧。

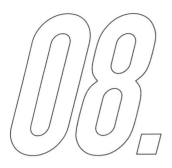

裂缝透出来的微光

已确知内部无席位的时候，当然只能向外部寻找机会。

可是算来算去，外部的机会也微乎其微。

除了 Alpine 车队外，哈斯、法拉利和迈凯伦三支车队也早早确定了下赛季的车手阵容。梅奔、大红牛和小红牛这三家也不用想，没戏。阿斯顿·马丁从 2021 年开始就是加拿大车手斯托尔和德国车手维特尔的组合，别想了。那么就剩下威廉姆斯和阿尔法·罗密欧两支车队了。

拉提菲的家族背景使得他在威廉姆斯车队的地位固若金汤，除非他自己想回去继承家业，否则谁也动不了他的位置。唯一的变数是拉塞尔。拉塞尔自 2019 年进入 F1 起，在威廉姆斯车队已经效力三年了。作为大家公认的绝顶天才之一，他在威廉姆斯历练三年已经足够了。

拉塞尔和梅奔的关系非常密切，2017 年以来就一直是梅奔青年车手项目的一分子。2020 赛季拉塞尔的表现极为亮眼，差点在巴林的萨基尔赛道斩获冠军。他在 2021 赛季的表现也非常抢眼，很多人都认为梅奔再不提拔他就说不过去了。梅奔领队托托·沃尔夫接受采访时已经说过"如果博塔斯要走的话一定会给他寻个好去处"这样的话了。

拉塞尔如果加入梅奔，那么就会引起一系列连锁反应。

首先是威廉姆斯的一号车手席位空出来了。这个席位虽然目前看起来还是属于拉塞尔的，但是大部分人已经将它看成了一个空席位。可是冠宇有希望拿到这个席位吗？

不说毫无希望吧，希望也确实比较渺茫，因为竞争对手实在是太多了。

头号竞争者自然是可能被拉塞尔顶替出来的博塔斯，他本来就效力过威廉姆斯车队，又有足够的实力胜任一号车手的位置。当然，他愿不愿意接受这个"对调"不太好说。

威廉姆斯也没打算在一棵树上吊死，它开始接触一些F1老将，比如科维亚特和霍肯伯格。

冠宇在F2车手里或许还有一点竞争力，但距离一号车手的位置还远呢。

然后就是阿尔法·罗密欧车队的席位看似还略有希望了。

阿尔法·罗密欧车队的两位车手——芬兰车手莱科宁和意大利车手吉奥维纳兹去年都只续约了一年，今年合同都会到期。直到夏休期，他们的位置都还没有确定，这给了人们很多想象空间。

可是谁说得好呢？原本大家以为莱科宁在2020赛季结束以后就会退役，2021赛季不是又跑了一年？谁敢保证他2022赛季没有再来一年的可能？这一对组合的关系向来和睦，如果莱科宁续约，那吉奥维纳兹留下的可能性也会比较大，毕竟身为意大利车手有法拉利撑腰。

阿尔法·罗密欧车队的前身是索伯车队。2010赛季索伯车队转用法拉利引擎后，其定位就逐渐向"法拉利二队"转变，即便在2019年改由阿尔法·罗密欧冠名之后，索伯车队的一个席位也要留给法拉利车队指定的年轻车手。法拉利车手学院里的年轻车手可不少，施瓦茨曼和艾洛特在 F2 中都有很好的成绩。

即使莱科宁和吉奥维纳兹双双退出，留给冠宇的空间依然微乎其微。

可是裂缝再细，终归还是能透进一点微光。

怕的是梅奔和拉塞尔维持现状，那本赛季的席位之争可就一点波澜都兴不起了。

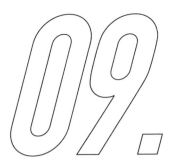

进入大佬视野的重要性

说了那么多不利的因素，并非矫情，都是事实，但冠宇也不是毫无竞争力。

首先是冠宇在 2021 赛季的表现确实不错，早早地拿到了超级驾照并在上半赛季接连拿下 F2 分站冠军，一度手握很大的优势领跑积分榜。不和那几个天赋惊人的年轻车手比，单就前两个赛季来看的话，他的进步之大肉眼可见。

我前面说过，"韧性"或许不是 F1 选拔天才车手最看重的因素，但它至少是正向的。

纵观整个 F1 围场，天赋称得上惊世骇俗的车手一双手也就数完了，其余的虽然都是万里挑一的天才，但是绝对实力上的差距其实是不大的。撇开车队和赛车本身的差距，还能比拼些什么？

韧性，输了还能爬起来再跑，再跑还有可能跑出成绩，就很重要了。

冠宇缺了一点惊人的天赋，缺了一点赛道上的运气，但他不缺韧性。这么多年，他经历过的失败、事故、打击、非议数不胜数，但他从来没有颓丧和放弃过，再难他也能熬过去、蹚过去，在后面的比赛中重新站起来。

作为一个母亲，我非常心疼他，但是作为一个赛道外的旁观者，我也真的敬佩他。

我不是说那些拥有惊人天赋的车手不好，谁不喜欢那样的天才呢？竞技体育尤其是地面速度的顶级赛事里怎么能缺了那些天才里面的惊世天才呢？但是像冠宇这样天赋只是处在第二层的车手也是不可或缺的。他们展现出的不屈不挠、突破自己、勇于挑战的精神，也是竞技体育里非常宝贵的一部分。在这个层面上，冠宇为之付出并展现出来的精神不输给任何人。

而且他真的一年比一年进步，2021 年上半赛季他的排位赛和正赛的节奏就非常好，即便在巴库和银石两站中接连遭遇故障和变数，冠宇也在银石正赛中夺得了这个重要的冠军。

银石大战前，冠宇在 7 月 2 日 F1 奥地利大奖赛的首次自由练习赛中开着偶像阿隆索的车代表 Alpine 车队亮相，表现也非常优异，且全场零失误。

日益进步、发挥稳定、超车精彩，我相信冠宇今年出色的表现会被人看在眼里。

事实上也是如此，自从冠宇二月份拿到亚洲 F3 锦标赛十八个积分，基本解决超级驾照的问题后，媒体和车迷就这个问题的讨论已经很热烈了，巴林首站大胜后关于冠宇进入 F1 的呼声和相关话题的讨论气氛更加激昂。在车手席位上可能有变动的车队的负责人不可能看不到，这里面就包括阿尔法·罗密欧车队的瓦塞尔先生。

"周冠宇在 F2 中做得很好，可以肯定的是他在我们考虑的名单上。这不单因为他是中国车手，还因为他是目前 F2 的排头兵,赢过几场比赛。我认为F1的每一个车队都在关注着他。"

瓦塞尔先生在夏休期间对媒体如此表示。

此前,索伯车队在七月份官宣了与阿尔法·罗密欧完成续约的消息,新合约为期三年。

这次续约与以前相同的是,索伯车队未来将继续以阿尔法·罗密欧F1车队的名字参赛,不同的是索伯车队方面可以根据比赛成绩决定是否提前终止与法拉利指定车手的合作。虽然瓦塞尔先生表示他们依然会与法拉利车手学院的年轻车手保持紧密联系,但新合约在很大程度上确保了索伯车队挑选车手的自由度。这就给法拉利青训外的其他车手增加了一点希望,包括冠宇。

2021年F1奥地利站比赛间隙,尚为F1测试车手的冠宇接受媒体采访

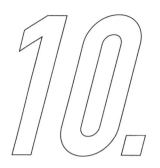

绳在细处断

进入 F1 的难度不仅远超普通观众的想象，甚至也远超我自己的想象。

2018 年欧洲 F3 锦标赛下半赛季，在我们最失落最沮丧的时候，一位朋友对我们说过进入 F2 的重要性：相当于一只脚踏进 F1。事实证明他的说法不无道理，甚至是非常有道理，那就是我在上一篇提到的进入大佬视野的重要性。F2 与 F3 不同，它与 F1 的联系更加紧密。

相同的赛道，作为 F1 的垫赛举行，F2 的车手和车队与 F1 的车手和车队身处同一个围场。

F2 车手的表现各车队的大佬都能看见，这很重要，但仅此而已。在储备车手严重过剩、可供竞争的席位严重缺乏的情况下，我们伸进去的那只脚随时都有可能被踢出来。

事实上，单是 2021 赛季新秀辈出的状况从一开始就给了我们很大的压力。

就像我之前说的，F1 是个不仅看成绩还看年龄的赛场，冠宇二十一到二十二岁的年龄还是很年轻的，但是新秀们比他还年轻，而且他们的实力还很强。此外还有一批和冠宇同龄、一样拥有 F2 比赛经验的车手也在同场竞技，他们的实力也很强。

在一批都具备征战 F1 实力的车手中，冠宇绝对不是那个竞争力最强的。

但是他用一个亮眼的开局给自己破开了一条生路。同龄且有经验的车手失误比他来得更早，天才的新秀们最佳状态来得比他又稍晚一些，使得冠宇成为新赛季初最值得关注的车手之一。

如果没有巴库和银石连续四场的灾难，冠宇进入 F1 的路途其实还挺光明的，"遥遥领先"可以打破一切顾虑，但现实就是这么残酷。两场退赛和与之相关的两场零积分扯住了他的脚踝。

冠宇失去了先机，也失去了成为那个"唯一"的唯一机会。

Alpine 车队团队人员大变动，包括 F1 领队也都一起换了，新上任的领队虽然之前没有 F1 的工作经验，但他一上来就把拥有法国身份的奥康续签了三年合同。

这个消息对我们情绪上的打击肯定是有的，不论对冠宇还是对 UNI-Virtuosi 和我。

毕竟最有可能、最直接的那道门关上了，在我们渡过浮桥之前就关上了。

好在冠宇和团队最后还是调整好了情绪和状态，在银石一役的最后关键比赛中拿到了冠军，稳住了阵脚，然后又在夏休后九月份的意大利蒙扎一役中表现出色，这才有了继续努力的机会和动力。

如果没有银石正赛夺冠这一转机，赛季初再亮眼的表现都会化为泡沫。

如果没有银石正赛夺冠这一转机，我相信瓦塞尔先生肯定也会把冠宇从考虑名单上划掉。

绳在细处断，这是个很普遍的规律，能不能接起来只能看自己了。

11.

我们赢在专一和坚定

在得知 Alpine 车队与奥康续约之后，我和团队就把目标锁定到了阿尔法·罗密欧车队身上。

其实雷诺还是很重视和喜欢冠宇的，车队虽然和奥康续约了，但车队工作人员一直在尝试帮助冠宇争取其他车队的席位。当然这很难，无论是想让别的车队更换为雷诺的引擎还是想让别的车队接受冠宇作为正式车手，都是极其艰难的事，我们心怀感激，但确实也不敢抱有什么期望。

毕竟，如前所述，那些车队一个萝卜一个坑，所有位置几乎都已经被填满了。

威廉姆斯车队一号车手的席位我们想都不敢想，唯一的希望就是阿尔法·罗密欧的二号车手席位，所以六月份之后，团队几乎把所有的精力和资源都用在了与阿尔法·罗密欧车队的商榷上。

但是这个商榷的过程是极其漫长和艰辛的。

首先是阿尔法·罗密欧车队自身有很多问题需要解决，比如索伯车队和阿尔法·罗密欧方面的谈判和续约，比如原来席位上的两位车手的评估和是否续约的问题，诸如此类。

其次就是冠宇在比赛中的表现，几乎每一场比赛都会给商榷过程带来变数。

这其实很正常，僧多粥少，主动权一定在车队手上，人家对你的考察期就会变得很长。你只能一次又一次地证明自己，可现实是赛车本身就受一些客观因素的影响，这些客观因素带来的问题未必是你意识到了就能马上解决并不会重犯的，事实上它们大概率会冷不丁地冒出来整蛊你一下。

　　比如银石夺冠后，冠宇在九月中意大利蒙扎站的表现也很出色。冠宇排位赛以第三名完赛；冲刺赛第一回合从第八位发车，一番乱战后抓住机会，砍瓜切菜般地完成超车，最后拿下了第二名；冲刺赛第二回合表现正常，从第九位发车，以第八名完赛；正赛中从第三位发车，最后拿到亚军。

冠宇在 2021 年 F2 蒙扎站比赛中

冠宇在 2021 年 F2 蒙扎站两度收获亚军

因为倒序发车的规则，一个周末能两次登上领奖台是很难的，冠宇也做到了。

可是一转眼，冠宇在九月末的俄罗斯站索契赛道上再一次遭遇暴击，积分差距被唰的一下拉开。

外界对冠宇的讨论非常多，其中绝大多数都是不看好的声音，我们自己也没有多大信心。但是我们的目标很明确，我们当下就是只考虑 F1，我们的目标只有一个，就是唯一有位置放出来的那个：阿尔法·罗密欧。

因此，我们婉拒了其他所有赛事的邀请，其中包括一些开价非常高的比赛主办方。

冠宇从卡丁车开始，唯一的梦想就是 F1，在未完成梦想之前他对其他比赛是没有兴趣的。

对我和团队来说也一样，冠宇已经走到了中国车手能走到的最高位置，如果进不了 F1，去参加别的什么赛事都没有多大价值。其他任何赛事都只是一份职业和工作，与梦想无关。

我们不想在最后一年，在最关键的时期，在其他任何事情上分散时间和精力。

我们甚至也不花时间和精力去攀附其他虚无缥缈的可能性，我们做的所有事都是围绕着阿尔法·罗密欧车队第二车手的席位进行的。与阿尔法·罗密欧车队沟通、与 Alpine 车队青训工作人员沟通、与法拉利车手学院沟通，每一方的沟通内容和重点都不同，这本身就是一项非常专业且极其需要高情商的工作。

当然，还有更重要的，那就是为冠宇争取更多的商业赞助。

F1 是一项商业化极强的顶级赛事，几乎没有车手不带赞助，区别只在于是你自己去找赞助还是经纪人或车队去做这件事。冠宇的天赋和成绩到不了"恃才傲物"的程度，那么这件事就得由我和团队来承担。大家都知道找赞助这种事本身就是很难的，需要消耗大量的人力和时间。

与 F1 同频共振，对目标坚定不移，集中所有力量攻城拔寨就是我们的策略。

而这个策略想要成功，除了冠宇的表现外还取决于两个前提：一是阿尔法·罗密欧车队更青睐年轻车手，二是下半赛季冠宇在比赛中的表现要保持稳定上升的趋势。

那个被电话吓哭的午夜

为了 F1 这个席位，为了冠宇的梦想，也为了我们这么多年的付出最终能有一个不留遗憾的结果，我们从赛季初就组建了一个专业的团队，聘请 F1 业内的专业人士来帮助我们。

他们真的很专业，很负责，很高效，不然也不会有最后的成功。

可即便拥有这样一个专业、负责、高效的团队，其中的煎熬也远非外界所能想象。

因为我们没有任何选择权，选择权握在各支车队的手里。对于冠宇这样的"备胎"候选人，他们有权利并且可以在完全无风险的情况下拖到不能再拖的那天再做决定。

永远都是有希望、不确定、继续等待的状态。

事实上，九月份蒙扎站冠宇两次登上领奖台的优秀表现也并不能完全说服瓦塞尔先生和阿尔法·罗密欧车队一锤定音。他们还想再观察一下他在后面两场街道赛上的表现。这个解释和要求没有问题，所以我们只能继续等待。

于是又糟糕了，索契站充分展示了什么叫怕啥来啥。

周六的冲刺赛上，暖胎圈都还没开始，出场时冠宇和队友德鲁戈维奇就双双退赛。因为故障，冠宇的赛车莫名其妙地就滑出去了，德鲁戈维奇更惨，车直接撞墙报废，连周日的正赛都没能参加。

冲刺赛第二回合因为大雨和事故被取消，冠宇直接失去两场比赛追分的机会。周日的正赛他又在湿滑的内侧起步，还被维普斯撞上，接连丢了几个位置，最后只能以第六名完赛。

瓦塞尔先生和阿尔法·罗密欧车队等着看这场比赛呢，然后，就这样？

不用别人说，我们自己也觉得尴尬无比，无言以对。但是赛车比赛就是存在这么多的不确定性。

可是再难也还是要争取，要谈判。鉴于对冠宇索契站表现的不满，以及对冠宇积分差距的考虑，瓦塞尔先生和阿尔法·罗密欧车队希望将合约期限定为一年，但是我们不同意。

因为冠宇本身是有实力的，他是具备成为 F1 车手实力的。且不说本赛季他所遭遇的困难基本都是机械故障导致，就算不提车况的事，他眼下也还排在积分榜第二名。尽管在年龄和积分上处于劣势，但我们也有商业价值。付出这么多，怎么就不能换回一个至少两年的合同？

这不是简单的一二三，这涉及其他商业赞助的合同，涉及很多方面。

牵一发而动全身，时至九月末，我们对此已经无能为力。

谈判陷入僵局，但我们能做的都已经做了，只能等他们给出最后结果。等待过程特别难熬，因为没有什么可做也没有什么能再努力的东西了，就是单纯地等着，度日如年。

冠宇不参与具体的谈判，不了解内情，而且每天还有各种训练和比赛分散注意力，比较而言还好些；但我不同，我是那个什么都看得清清楚楚明明白白却只能干等着的人。而

UNI-Virtuosi 车队在 2021 年 F2 收官后举办的庆功宴

且因为该做的能做的都做完了，我那阵子突然闲下来、静下来，时间比谁都多。

如果一直想着这件事，我可能会疯掉，所以我后来就说服或者强迫自己不去想。因为该做的都做了，该努力的也都努力了。我当时有些无力，感觉好像此刻只能听天由命了。

顺其自然、淡然面对、处变不惊、坦然接受——诸如此类的心理建设进行无数遍之后，让自己投入到一些其他的事情上之后，我慢慢地从"席位"这件事上超脱了出来。

所以，当一个月后的某天凌晨我在睡梦中被冠宇的电话惊醒时，差点被吓到心跳骤停。

看了下时间，凌晨两点多，电话那头是冠宇压抑不住的呜咽和哭声。我一下子被吓到了，因为冠宇知道有时差，一般不是特别重要的事情，他会给我留言，不会打电话打扰我休息，但此刻他打电话给我，而且我听到的只是哽咽声。所以我脑海里瞬间就把各种恐怖的可能性过了一遍。与此同时，我也在不断地让冠宇平静，让他告诉我发生了什么。冠宇在我的安慰和询问下慢慢冷静了下来，吸着鼻子带着哭腔对我说："妈妈，我们成功了！"

我这才反应过来，我们期待已久想都不敢再想的那个席位终于落定了。

反应过来的瞬间，我的眼泪也不由自主地淌了下来，这里面有释然，有欣喜，有满足，也有遗憾，最大的遗憾就是在这样一个应该阖家庆祝的时刻，冠宇却只能自己孤单地在国外感受与面对，此时也许他就坐在角落里对着电话哭泣。而我这边正是最深的深夜，诸事不宜。

既不能出门放鞭炮庆祝，也不能直奔机场飞到他的身边。

只能含着泪轻轻地对他说一句："祝贺你啊儿子！妈妈真的好高兴！"

荣光不仅属于个人

遥远的国度，获知喜讯的团队人员和车队领队在当天都为冠宇送上了祝福。

数天后，2021 年 11 月 16 日，阿尔法·罗密欧车队官宣了冠宇加入车队出战 2022 赛季的消息。

我们深知"中国第一个 F1 正赛车手"的荣光不仅属于冠宇个人和车队，它还是家庭、团队、F1 这个体系以及中国这个庞大的市场所形成的合力一起推动的结果，它属于背后默默奉献的所有人。

先说家庭。我和我先生的付出就不提了，上至我们的父母，下至冠宇的妹妹，其实都在这个漫长的过程中付出了很多。特别是刚开始那几年，因为我和冠宇长时间不在国内，先生也很忙，老人和孩子不仅要忍受思念和寂寞，平时生活里遇到点事情和麻烦也没有人帮忙，都得自己解决。

女儿四岁多时有一次和我们一起去看哥哥比赛，被我们留在房车里。我们考虑的是比赛时间太长她需要一直站着，可能坚持不了那么久，车里能坐能睡能吃，可能会舒服一些，而且车就在半山坡上，也不耽误看比赛，于是给她留了条窗缝就走了。回来时我们发现那条窗户缝被层层的卫生纸塞了个严实，一问原因，这才知道她被山坡上的羊粪熏得不行，而且还有一只很大的蜂想要飞进去。

2021 年 F1 奥地利大奖赛赛前，冠宇和偶像阿隆索一起走赛道

自己想办法解决问题，坚强地等到我们回来，这才委屈地撇了撇嘴。我当时看到仅四岁的她，心里一阵酸楚涌了上来。

可是就连这样的团聚时光也很少，我先生要回去工作时她也得跟着离开，回去上幼儿园。每次要和小小的她分开，我都有一种说不出的不舍和亏欠。

虽然主要是我陪着冠宇满世界跑，但这个家里每个人都为此做出了努力和牺牲。

再说团队。冠宇加入的每一支车队都可以说是慧眼独具，都为他的成长提供了特别好的环境和养分。再牛的车队也不敢说自己能不犯错误，但它们给了冠宇力所能及的最好的帮助。为了争取席位特别组建的团队从新赛季开始就投入了工作，在信息获取、沟通交流、合同谈判等几乎所有的环节都提供了极其专业的服务，没有大家的齐心协力，我们不可能实现目标。

然后说 F1 这个组织和体系，它既是竞争激烈的修罗场，又是充满人情味的大家庭，它既有森严的壁垒，又具备调整

2023 年 F1 拉斯维加斯大奖赛，工作到早晨六点的冠宇与团队成员在酒店门口合影

的空间。不论是法拉利车手学院还是雷诺运动学院都对冠宇有再造之恩和深情厚谊。我们离开法拉利车手学院时，甚至还有特别喜欢冠宇的工作人员陪他一起离开。雷诺运动学院在内部席位确定之后，还在为冠宇的席位四处奔走联络，为了给他创造机会展现实力，在阿隆索状态非常好的情况下，还是让冠宇代替他进行测试，参加练习赛。阿隆索更是对冠宇这个小粉丝不吝赐教，关怀满满。

最后当然要重点说一下中国背景对冠宇进入 F1 的加持。

在征战低级别赛事那会儿，身份和背景的影响是比较小的，但是进入方程式尤其是进入 F2 直接对 F1 的席位发起争夺后，车手的背景及其背后的市场就成为一种不容忽视的力量。事实上，F1 这项赛事一直都在期待一个中国车手的出现。不仅是出现在 F1 的汽车品牌需要中国市场，F1 这项赛事本身也需要中国市场。

没有中国背景和中国市场的加持，没有那些看好冠宇和这项赛事未来的赞助伙伴，冠宇哪怕是综合实力达到了 F1 车手的水平，也不一定能拿下这个弥足珍贵的席位，因为竞争太激烈了。

当然，因为这个问题，冠宇也承受了很多压力，说他不配的指责一直没有停过。

哪怕他后来在十二月的阿布扎比站又取得了一个冠军和一个亚军，再创一个周末两次登上领奖台的成绩，哪怕他虽然历经坎坷最后还是保住了积分榜第三的位置拿下了年度季军，质疑都没有停过。

我对冠宇说不必在意这些说辞，因为这些说辞并不客观。说这些话的人一定没有看过你的比赛。

我们一路走来因为中国车手的身份被无视、被排挤的时候，他们有安慰和鼓励过我们吗？没有，他们那会儿可能都还不曾关注这项赛事，更不知道

2021 年冠宇拿下 F2 阿布扎比站第二场冲刺赛冠军

我们为此吃了多少苦，付出了多少心血。那么他们现在有什么资格来指责我们沾了中国的光，借了中国的势？

我们应该在意和记住的是那些支持、鼓励、鞭策我们的人，而不是本身带着恶意的人。

就算是沾了光、借了势，那又如何？那是我们的祖国啊！

"沾光是我们应得的，不需要辩驳，我们需要做的是不让这光变得黯淡。只要你跑好了比赛，就对得起中国车手这个身份，就对得起祖国和所有为你努力和付出的人。"

冠宇和队友博塔斯 2022 年一起参加车队赛季前拍摄

巴林首秀:
那漫天的璀璨烟火真美啊

2021 年末到 2022 年春,应该是 F1 自 2004 年进入中国以来存在感最强的一段时期,在社交媒体超级活跃的今天,冠宇这个"全村的希望"进入 F1 带来的话题讨论一直维持着极高的热度。但欢呼夸赞也好,质疑指责也罢,都是纸上谈兵,大家都很清楚胜负只能在赛道上才能决出。

这一天终于到来了!同样是在巴林赛道,但冠宇又成长了很多。

这不仅是他的 F1 生涯首秀,更是中国车手在 F1 的首秀,也是 2022 赛季 F1 唯一一个新秀车手的首秀!

说实话,考虑到阿尔法·罗密欧 F1 车队在过去数年中的疲软表现以及它们的小车队规模,赛季开始前人们并没有对这支车队和冠宇抱有太高的期望,更多的还是希望冠宇能稳定进步并证明自己,未来争取更好车队的合同。中国车迷对他比赛成绩的期待值也只是:完赛就好。

职业生涯的第一场比赛,冠宇毫无疑问是非常紧张的。

后来在采访中冠宇说:"我记得很清楚,在巴林的维修区出口开放前十分钟,在我们戴上头盔之前,他问我'你有没有什么想问的?',因为他知道我有多紧张。"

这里的"他"现在大家都知道指的是冠宇的队友、老大哥博塔斯。

在如此重压的环境下，冠宇开启了自己的 F1 比赛生涯。周五的两次自由练习赛，冠宇的排名都处于十名开外，周六三练时冠宇排名第九，在他身前的正是队友博塔斯。

三练透露出的最重要的信息有两点：一是阿尔法·罗密欧的赛车似乎竞争力并不差，但仍然需要排位赛的实战检验；二是冠宇与队友博塔斯的最快圈速相差不大。

要知道博塔斯可是一位已经有十年参赛经验的老将，而冠宇只是初入 F1 赛场的新秀，能快速适应并且发挥出赛车的潜力，这让外界对接下来的排位赛开始生出一些新的期待来。

F1 的排位赛与 F2 的不同，它分为三节比赛：第一阶段和第二阶段分别淘汰五位车手，到了第三阶段只有十位车手争夺杆位。在比赛开始前，外界对于阿尔法·罗密欧的预期基本是第一阶段就会被淘汰，但是冠宇和博塔斯竟然携手闯进了第二阶段。这已经是那个比赛周末的第一个小惊喜了。

最终冠宇在排位赛中取得第十五名，博塔斯更是一路杀进第三阶段，排在了第六位！

周日正赛，真正的大考来临了。但还是那句话，对一位新秀来说，第一场比赛的目标基本上都是完赛。排位赛排在第十五名之所以是个小惊喜，只是因为大家的期望值实在是太低了。

这不，冠宇和队友博塔斯的发车都非常糟糕。

冠宇直接落到了场上的最后一位，博塔斯排位也靠后。

事后回顾，冠宇在高压之下并没有非常好地执行发车操作，失误地引发了防熄火装置，导致在一号弯中赛车几乎处于一种停下来的状态。当然，这方面也不能完全怪冠宇不熟悉发车操作，赛车的离合器设计方面也确实有一点问题，毕竟有老大哥博塔斯作为参照。

这样一来，冠宇的排位赛就白努力了，变成了从最后一位开始他的正赛之旅。

好在这辆赛车的长距离表现还比较给力，冠宇在正赛中一点一点地追回发车时落后的名次，第四圈时就已经追到了第十六名。不过很显然，前方的对手只会一个比一个难超越。

冠宇在接下来的比赛中展现出了他的韧性，将车队的策略执行得不错，保持住了很稳定的圈速，比赛过半时他追到了队友博塔斯的身后，排在第十二位。比赛进行到第五十五圈，排名第二位的维斯塔潘因赛车故障退赛，冠宇的名次提升一名来到第十一位，距离积分区仅一步之遥。

比赛进入最后一圈，墨西哥车手佩雷兹的赛车在一号弯也出现了故障，红牛车队竟然双车退赛。

这意味着排名第十一位的冠宇奇迹般地在最后一刻进入了积分区！

冠宇在他职业生涯的第一场F1大奖赛中做到了其他人都不敢想象的事情——取得了积分。连他自己都不敢相信F1首秀就能够取得积分。要知道F1历史上有过七百多位车手，能在首秀就取得积分完赛的车手此前只有六十五位，其中很多都是世界冠军。冠宇竟然是第六十六位！

围场内、直播间、弹幕上都充满了不可思议、难以抑制的兴奋之情和欢笑声。这可是我们中国车手在F1收获的第一个积分呀！

冠宇冲线的过程中看见夜空中漫天的烟火，他与车队工程师笑语："这是为我放的吗？"

工程师开怀笑答："是的，它今晚也属于你！"

对中国车迷来说，这场比赛再多的说头，都不如冠宇这个中国第一位正赛车手在 F1 这样顶级的赛车舞台上首战就获取积分的意义来得重大和激奋。对冠宇来说，他积攒了数月的压力和情绪得到了释放，在逐梦之路上努力拼搏了这么多年，获得了一个很大的奖励。对我来说，

2022 年 F1 巴林站首秀得分，车队为冠宇欢呼

只希望他能在这一刻尽情享受那种如夺冠一般美好的感觉，因为未来的道路肯定很坎坷。

这毕竟是 F1 啊，全都是熠熠生辉的天才里的天才，未来的磨砺且长着呢。

2022 年 F1 巴林站冠宇首秀

2022 年 F1 巴林站冠宇在比赛现场

一年仿佛经历了无数年

F1 大奖赛的比赛场数虽然也是二十多场，与 F2 差不多，但其实难度大了很多。

一是因为每一场比赛的时长增加了，二是打一枪换一个地方，二十几场比赛几乎要辗转二十几个国家，节奏非常快，转场消耗非常大。这不，一周后第二场比赛就到了。

比赛位于沙特的吉达滨海赛道，好处是距离巴林近，不利的是这是一条难度颇高的高速型街道赛道。

在这场比赛中，冠宇的发车再次出现了问题，情况和巴林揭幕战时类似。冠宇从第十三位发车，发车之后损失了不少名次，开局就是困难模式，但是后面的情况更加困难，看过比赛的朋友都能感受到冠宇究竟有多倒霉。

冠宇在和其他车手缠斗时驶出了赛道区域，进入缓冲区，在与车队交流之后车队认为是对手在缠斗中逼迫冠宇驶离赛道区域，因此车队没有让冠宇将名次归还回去。但是 F1 仲裁委员会并不这么认为，其判定"周冠宇驶离赛道并获得优势，加罚五秒"。

被车队小坑一下，这是第一步。接下来，按照规则，冠宇需要在下一次进站时先接受五秒罚时，然后车队维修技师才可以触碰赛车进行作业，可是维修技师似乎忘记了这一点。

比赛第十八圈冠宇进站换胎，千斤顶技师先触碰了赛车并将赛车顶起，这本来就已经犯了错误，没想到还能错上加错——五秒罚时过后，不知为什么千斤顶突然松了，冠宇的赛车又回到了地面上。虽然有备用的千斤顶，技师也快速将其顶上，但换胎过程还是延误了好几拍。

霉运还没有结束。由于进站后技师先触碰了赛车并将赛车顶起，赛会判定"周冠宇没有按照规定去执行处罚，需要追加通过维修区的处罚"。五加五等于十，这还怎么玩？真是喝凉水都塞牙啊！

可就算是经历了这么多的磨难，冠宇最终过线时的名次仍是第十一名，距离前方的第七名只有十秒的差距。可以这么说，如果没有出那么多幺蛾子的话，冠宇肯定能在这场比赛中再次取得积分。

真是可惜啊！但这也从另一个方面展现出 F1 比赛的复杂程度。论突发情况，F1 要比低级别方程式多很多。冠宇也能通过这次的经历亲身感受 F1 比赛的地狱级难度，总结经验教训，加快和车队的磨合。可现实真的很残酷，幸运女神并没有太眷顾冠宇。

在后面的比赛中，冠宇接二连三地遭遇赛车故障：迈阿密站因赛车漏液退赛，西班牙站因赛车丧失动力退赛，阿塞拜疆站因液压系统故障退赛，法国站因动力单元故障退赛，新加坡站因被拉提菲莫名其妙地撞退赛——

广大车迷朋友和我们一样扼腕叹息，这真的很消磨大家的意气。

2022 年冠宇在 F1 西班牙站接受采访

2022 年冠宇在 F1 法国站休闲一刻

与爱同行

不过 2022 年冠宇还是有两场高光表现的：加拿大站和英国站。

加拿大的蒙特利尔赛道也是一条半街道特性的赛道，且冠宇是第一次踏上这条赛道。

周六的排位赛中冠宇首次进入了 F1 排位赛的第三阶段，甚至还领先于队友博塔斯。更难能可贵的是这场排位赛是场雨战，冠宇第一次到访就跑雨战，竟然还能有如此表现，实属不易。

当然，在这站比赛中车队找到了适合冠宇的调校点也是非常重要的。

正赛中冠宇稳扎稳打，最终以第九名冲线。意外的是，阿隆索在比赛中因多次变线防守而被赛会加罚了五秒，于是在赛后的积分榜上冠宇的名次升到了第八名。这说明我们不单是 F1 车手，也是一个有速度可以拿积分的 F1 车手。

这是冠宇 F1 生涯迄今为止最好的正赛成绩，当时大家欢呼雀跃的情景如今依然历历在目。

伴随着加拿大站整个周末的出色表现，冠宇的信心、与赛车的匹配度都有一定提升，良好的状态在接下来英国站的银石赛道上得以延续。周六的排位赛又是雨战，但是冠宇如有神助，一路过关斩将，再次闯进第三阶段，最终取得了第九名的发车位。

这是他在 F1 新秀年的最佳排位赛成绩，大家都期盼着他能在正赛中再创辉煌。

但是，人生最令人胆寒的就是这两个字：但是——

全家亲历银石事故

经历过 2021 年 11 月那个差点被吓哭的午夜后，我从上海又回到了伦敦。

我记得当晚放下电话时我的手还在微微颤抖，这里面当然有激动和兴奋的缘故，但主要的还是一开始担心冠宇出事时差点魂飞魄散的感觉过于真切。还好是喜讯，只是虚惊一场，如果冠宇当真遇到什么事而我不在身边可怎么办？就在那一瞬，我下定了决心。

除非万不得已，我以后都不会缺席冠宇的比赛。

2022 年的银石大战对冠宇来说还有一层意义，这是我们全家第一次聚在现场观看他的 F1 比赛。英国是他的第二故乡，银石赛道是他的第二主场，除此之外还有全家陪伴，冠宇是相当开心。

何况排位赛的成绩还实现了突破，我们都相信他将在银石赛道大放光彩。

谁能想到周日的正赛才开始，刚发完车就出事了！

大家可以从转播视角中看到，在大批赛车组成的车阵通过二号弯之后，镜头远处突然有一辆红白相间的赛车以不寻常的姿态一闪而过。我们都知道红白相间的配色正是阿尔法·罗密欧车队的特征，但是镜头太远，切换速度太快，没有谁看得清究竟是哪辆车出事了。

两秒后，当镜头切回事故车辆时，位置依旧很远，速度依旧很快，还是看不清任何细节。

大家从转播视角中只能看到驾驶白色车辆的拉塞尔停了下来，穿着防火服就从车里翻身出来，朝赛道边跑去，但是看不到任何事故车辆的画面。

这是因为F1的转播有个不成文的规矩，当出现重大事故时，在明确车手本人安然无恙前，转播镜头是不会给任何回放或针对事故地点的镜头的，这是为了保护车手的隐私。

但是接下来大家便从排名表中快速下降的名次，确定了事故车辆的主人公就是冠宇。

红旗出现后就是漫长的等待，我们和屏幕前的观众一样都在焦急地等待。

按照一般情况，发生小事故小摩擦问题不大的时候，我们在P房里的人很快就能从耳麦里听到"I'm ok"的声音，这是F1车手约定俗成的习惯，发生事故后的第一句话就是告诉大家自己是否安全。但是这次事故后，我们的耳麦里一直没有声音。既没有现场的声音，也没有主办方的声音。

什么声音都没有，一片寂静。

我们也不能去现场，只能在P房里等待，所有的希望都寄托在耳麦里。

虽然前后只有短短几分钟，但那寂静的几分钟，是我这一生经历过的最漫长的时光。

后来，终于，耳麦中传来了"Zhou Guanyu is ok"的声音。

这意味着冠宇的意识至少是清楚的。我深深地吸了一口气，胸膛里那颗感觉已经凝滞了的心脏才重新开始跳动。按照流程，现场和通过转播观看比赛的朋友们还得等一等才能获知冠宇从车里被救出送往医院的消息，所以会更加焦灼，感觉时间更加漫长。

与此同时，获知事故车手信息的媒体已经把阿尔法·罗密欧的 P 房围了个水泄不通。车队公关负责人试探了几回，最后只能从 P 房后面的一个小门离开，由团队人员骑个"小电驴"驮着我赶往救护中心。

大约半小时后，在救护中心确认冠宇没有大碍之后，官方才恢复了视频信号。

车载视角和其他视角的录像回放这才出现在转播画面上。

冠宇的赛车被侧后方赛车撞击以致飞起，继而长时间倒扣在赛道上滑行，带着一路金色的火花和沙尘，奔向场边的围栏，然后产生了剧烈的碰撞——这还没能使赛车停下，巨大的冲击力使赛车翻过轮胎墙砸在另一道更高的铁片挡墙上，然后掉落下来，侧立着卡在围栏与看台之间狭小的空间里。

赛车局部严重损坏，车轮飞出，进气口甚至已经被磨平。

万幸的是冠宇应变及时，第一时间手动关了引擎，才没有引起赛车起火。

然后，从控制室终于传出了冠宇意识清醒在做进一步检查的消息，现场响起了热烈的掌声。

考虑到我的心情，车队工作人员和我的家人没有将事故的画面马上传给我，他们只是将带有控制室广播和现场观众掌声的那段转给了我。直到这时，我心里一块大石头才真正落地。因为我虽然第一时间赶到了救护中心，但是并没有立即到冠宇身边。当时只能进去一个人，我就让车队的医护人员进去了。

每临大事有静气

　　我没进去，不是不着急，是因为知道自己这时候即使进去用处也不是特别大。我不是医生，也不具备相关的医疗知识，这种时候应该让车队专业的医护人员去。

　　我在外面等了差不多一个小时，冠宇的检查终于做完了。

　　车队医护人员出来，换我进去。我进去一看，冠宇光着身体，身上插着很多用来检测数据的仪器管线。他就那样静静地躺在床上，看着很温和，但再一细看，就会发现他的手是紧紧握成拳头的。已经一个小时了，他的手还是握成拳头的。

　　虽然已经七月份，但英国平均温度也不高，而且当地周六才下过雨，所以周日当天还是很阴冷的，他光着身体，打着吊瓶，身上插着各种管子，其实是会感觉到冷的，再加上受了伤，很难在短时间内放松下来。所以，尽管这一个小时有医务人员在身边，后来车队的医护人员也进去了，但他依旧是很紧绷的状态，所以拳头也一直紧紧握着。

　　我坐在床边，给他盖上被子，握着他的手，先给他焐了一会儿，然后慢慢将他的手指掰开，一边给他轻轻按摩，一边安慰他说没事了，检查完了都没什么问题，放轻松。就这么手握着手，温暖着，又观察了一个小时。

比赛重启进行了一大半时，医务人员问他现在想做什么，他说想看比赛。医务人员笑了，我也笑了。于是我就陪着他来到了医务人员办公室。除了我们，办公室里也聚集了一些医务人员，大家一起陪他看比赛。我看到这一幕就放心了，于是就出来换他的体能师进去看望他。

我这个母亲最大的作用就是安抚他的精神和情绪，让他看到最亲的人就在身边。看到他精神恢复、情绪稳定了，我也就放下心来，回到车队，帮忙处理其他事情。除了媒体，F1 的 CEO 多梅尼卡利先生和阿尔法·罗密欧车队的领队瓦塞尔先生也都赶来了车队，大家都很想知道冠宇目前的情况。

没过多久，我发现冠宇的体能师回来了。

我叫住他，奇怪地问道："你怎么就回来了，冠宇呢？"

体能师眉毛一挑，笑道："他已经去 P 房了。"

这个回答不仅让我颇感意外，多梅尼卡利和瓦塞尔两位大佬也都惊呆了。

我们回到 P 房的时候看到冠宇已经在和工程师交流技术了。思维清晰，语速正常，手也不抖，这哪里像一个刚经历过惊心动魄的重大事故的人？我心里非常佩服。此刻我突然感受到了他的热爱与专业度已经超出了我的认知。我虽然也自诩"每临大事有静气"，但真的达不到这个程度。

后来比赛进行到一大半时，电视画面播放了多梅尼卡利先生亲自去看望冠宇的画面，这是事故之后全世界第一次看到平安无事的冠宇。他迅速恢复状态，不仅给观众，也给事故中的其他车手很大的安慰，但是观众肯定没有想到冠宇居然在一周之后的奥地利站就重回赛场了。

F1 的紧密赛程不会给车手们多少喘息的机会，冠宇周四通过了体检，获准参赛。

　　重回赛场的冠宇在第一次自由练习赛和排位赛中成绩不算好，特别是在排位赛中没有进入第二阶段，只排在第十八位，但他在接下来的冲刺赛中从维修区起步一路赶超，最终以第十四名完赛。

　　从外界的评价和反馈来看，大家可能觉得这件事就这样过去了，但是我知道冠宇的内心为此承受了巨大的压力。对任何一个人来说，遇到这么大的事故都需要克服很大的心理压力。

2022 年 F1 阿布扎比收官站冠宇在 Pass（通行证）上感谢妈妈　　2023 年 F1 阿布扎比收官站冠宇在 Pass 上感谢妈妈

2023 年 F1 巴林站母子二人合影

　　冠宇选择面对，而不是退缩，足以体现他的勇敢及其心智的强大。

　　而这就是我认为的竞技体育的魅力和精神的体现。他让我看到了真正长大了的儿子。

"周十三郎"的
挣扎与救赎

2022下半赛季冠宇不再有高光表现。虽然在意大利站拿到了积分，但那场比赛属于正常发挥，没有什么太过曲折的桥段，所以没给大众留下多深的印象。由于整个下半赛季成绩都在十三名上下，有些车迷甚至送了他一个"十三郎"的外号。

考虑到这是冠宇的新秀赛季，上半年有超乎意料的连续高光表现，车队也获得了第六名的成绩，广大车迷对冠宇进入F1第一年的表现都是很满意的，"十三郎"的外号更多是调侃而非诋毁。

大家此时并没有意识到，2022赛季可能是索伯车队在过去十年中赛车本身性能最强的一年。

抓住2022年技术规则大改的机遇，车队打造出了一辆竞争力处于中游偏上的赛车。这一点对新秀车手来说至关重要，F1生涯初期有一辆性能不错可以拼搏积分的赛车，毫无疑问会增强他的信心，让他有更多的机会去参与竞争，而不是落在末尾集团中孤独地比赛。

但是这样的机遇转瞬即逝，当这套技术规则进入第二年，情况就不同了。

经过一年的比赛之后，很多车队对规则都有了更加透彻的理解，于是纷纷调整赛车设计理念。阿尔法·罗密欧当然也是其中之一，车队推出了与前一年相比差异还挺大的一款新车——C43，希望能够用新车在2022年的基础之上更进一步，但事与愿违。

不是C43没有进步，而是同一集团的竞争对手进步更大了。

于是阿尔法·罗密欧车队似乎又回到了技术规则大改之前的老节奏上，在比较中丧失了优势。这一点从季前测试时就已经初现端倪，进入正式比赛后体现得更为明显，巴林的揭幕战和第二站沙特站冠宇都没能进入积分区。个人技术自信在赛车的差距面前仿佛不值一提。

在这样艰难的竞争格局下，冠宇还是在两场比赛中给自己争取到了积分。

接下来我们来到澳大利亚，这是2023赛季的第三站。

澳大利亚是令冠宇感到很亲切的一个国家，因为这里有很多的华人会到现场为他加油。

三月底四月初，在墨尔本的阿尔伯特公园赛道上，上演了一场混乱的比赛。三次出现红旗，八车退赛，二十位车手最终只有十二人通过了终点线，"活到最后"成了这场比赛的主旋律。

冠宇排位赛表现不好，正赛只能排在第十七位起步，要想拿分非常困难，但这场比赛比所有人想象得都要跌宕起伏。勒克莱尔第一圈就陷入了沙石地；阿尔本第七圈发生事故，撞上护墙；拉塞尔因赛车尾部着火而退赛；丹麦车手马格努森撞到路边障碍物，轮胎直接飞了出去；两台Alpine车队的赛车发生碰撞，同为法国车手的奥康和加斯利双双退赛；加上美国车手萨金特和荷兰车手德弗里斯也退赛，场上最后只剩下十二辆赛车。

2022 年冠宇在意大利伊莫拉站

2023 年 F1 沙特站赛前，车队工作人员给冠宇打气

2023 年 F1 巴林站，冠宇与西班牙车手赛恩斯交流

与爱同行

2023 年冠宇在 F1 澳大利亚站

冠宇在 2022 年的比赛中就展现出了优异的稳定性，2023 年也延续了这个优点。

他在这场比赛中活下来了！不仅跑进了积分区，还因为赛恩斯被罚时五秒前进了一名。

从第十七位发车，以第九名完赛，这当然是幸运的，但也不仅仅是幸运，单凭冠宇紧咬马格努森二十圈直到他自己犯错退赛，就能看出冠宇是具备一定实力的，而且韧性之强一如既往。

在赛季初大家就清楚地了解了 C43 的竞争力，尤其是澳大利亚这一场老大哥博塔斯的排位赛成绩还不如冠宇，大家不仅对本场比赛没抱什么期望，连带对整个赛季的期望都下降了。但是冠宇居然能够在这一站就取得积分，给车队和车迷扎了一针强心剂。

不过强心剂也只是强心剂，接下来的几场比赛我们都无缘积分区，于是大家重新回到现实。直到第七站来到西班牙，才又看见了一点曙光。

2023 年冠宇在 F1 澳大利亚站与粉丝合影

2023 年冠宇在 F1 澳大利亚站为粉丝签名

夜幕越暗衬得星光越亮

2023 年 6 月 2 日，众星齐聚巴塞罗那的加泰罗尼亚赛道，6 月 4 日，正赛打响。

冠宇在起步阶段表现相当出色，由于皮亚斯特里和加斯利出现失误，他抓住机会，名次提升到了第十位。第五圈时冠宇利用 DRS 在一号弯前超车霍肯伯格成功。但 F1 的比赛很少有平淡的时候，比赛这才刚开始呢。佩雷兹在第九圈超车成功，冠宇在第十圈进站，出来时就落到了第十三位。

这还没完。第十一圈，冠宇被早进站的霍肯伯格反超。第十五圈，冠宇再次超越霍肯伯格时被刚出站的奥康挡住路线，自己超车不成，反被身后的角田裕毅抓住机会超过，直接滑落到第十六位。

但冠宇没有气馁，他在下一圈马上进行反击，态度坚决，动作漂亮，然后成功了。

第三十七圈，冠宇再次进站，但是和上次一样换胎都用了 3.7 秒。好在表现欠佳的还有 Alpine 车队的两位车手，冠宇回到第十二位。第四十四圈，冠宇第三次超越了霍肯伯格，进入积分区。

第四十六圈，冠宇挡在刚出站的阿隆索前面争夺第九的位置，但只坚持了两圈。

第五十四圈，冠宇和前面的角田裕毅差距不足一秒，但是角田裕毅已经追到前面奥康的 DRS 区，这让冠宇的超车变得有些艰难，三人之间展开了一场激烈的争夺。一圈之后角田裕毅被奥康甩出 DRS 区，冠宇则利用这个机会准备利用 DRS 向角田裕毅动手，但是随后被角田裕毅顶出了赛道，为了完赛，冠宇无奈只能做出退让。

最后赛会经过调查，决定给予角田裕毅五秒罚时，冠宇最终拿下了第九名和宝贵的积分。

2023 年 F1 卡塔尔站，冠宇与车队 CEO、队友交流

2023 年 F1 西班牙站，冠宇和车队创始人皮特·索伯先生握手致意

2023 年 F1 卡塔尔站冠宇在做赛前准备　　2023 年 F1 卡塔尔站冠宇与阿隆索相互鼓励

　　这场比赛让人产生一种幻觉，似乎 2022 赛季初那种正赛的节奏又回来了，但实际上这只是昙花一现，本赛季的大部分比赛中阿尔法·罗密欧车队的征程都举步维艰，下一次"开花"要到第十一站的匈牙利了。在这条被誉为"没有围墙的摩纳哥"的赛道上，冠宇闪耀出了进入 F1 之后的最高光。

　　匈牙利赛道中速弯很多，直道不长，蜿蜒紧凑的赛道布局最大化地释放了索伯车队的赛车性能。冠宇在排位赛中一鸣惊人，取得第五名！当时无论在现场还是在电视屏幕前，大家都兴奋了！

　　然而周日正赛当天，我们从天堂跌到了地狱，冠宇的比

　　　　　　　　　　　　　　　　　　　　　　　　与爱同行

赛在发车那一瞬间就结束了。由于赛车完全失去动力,冠宇直接跌落了十一个名次。更糟糕的是冠宇在发车起步时还造成了连环事故,他在一号弯顶到澳大利亚车手里卡多后,里卡多又碰到了奥康,奥康又撞到了加斯利,导致Alpine 车队的两位车手双双退赛。

一时间,开赛前还在为冠宇欢呼的车迷态度急转,开始对他的表现口诛笔伐。

上半赛季刚好结束,一年一度的席位之争正是最轰轰烈烈的阶段,什么难听的话都有。

这件事对冠宇的影响很大,哪怕赛后车队官方确认是赛车方面的问题导致了糟糕的发车,也没能平息汹涌的嘲讽和抨击。这也是冠宇进入 F2 之后第一次在个人微博上回应质疑。因为外部原因失去了一次刷新职业生涯最佳战绩的机会,已经够令人惋惜和难受了,还要面对外界海啸般的压力,冠宇真的很难。这一战后,无论冠宇还是车队都低迷了很长时间。

尽管如此,车队和冠宇也没被真的打趴下。

十月份,卡塔尔一战让冠宇和车队冲破了暗夜和阴霾,重新看见了阳光和希望。

2023 年 10 月 8 日,F1 卡塔尔站正赛在暗蓝的天幕和璀璨的灯火中展开。

由于当地气候炎热,即使是夜场,气温也有三十三摄氏度左右,湿度有百分之七十五左右,车手们遭遇了非常严酷的生理考验。由于车舱中的温度过高,戴着头盔的车手们只能从镜片的缝隙中呼吸新鲜空气,而且他们吸到的大部分都是引擎发出的热气,所以在这种温度和湿度下很多车手都感到非常难受。

第三十圈时阿隆索向车队报告自己的座舱快着火了,要车队拿出降温措施;第三十三圈时他出现了罕见的失误,冲到了缓冲区内;第四十圈时萨金特也撑不住了,他坚持了两圈后,险些不能将赛车带回 P 房,不得不退赛;

其他车手频频冲出赛道边界被罚时。令大家意外的是，冠宇竟然没事。

在有的车手一下车就被送去救护的情形下，冠宇下车后竟然还能帮忙干活！

强烈的对比让他在意志和体能上的优势一览无余，并成为当晚最热烈的讨论话题。

与此同时，车队的策略和技师们的表现也极其出色。

这场比赛，国际汽联决定使用"保胎"策略，并推出了新规，要求新胎的累计使用圈数最多不得超过十八圈，旧胎则不得超过二十圈。这意味着所有车队至少要面临三停，也对各车队的换胎技师提出了很高的要求。谁也没想到在换胎方面一向被诟病的阿尔法·罗密欧车队这晚的表现如此出色！

第十八圈时冠宇进站换胎，技师们竟然只用了2.7秒！

第三十六圈时冠宇完成进站，2.8秒的换胎时间再度获得一片赞美之声。

在这场地狱级难度的比赛中，冠宇和阿尔法·罗密欧车队为全球车迷奉献了一场几乎可以说是完美且不平凡的比赛。从第二十名发车以第九完赛，冠宇终于走出了之前差不多三个月未能拿分的泥淖。

与这一"艳压"全场的大战相比，连之前取得历史性突破的匈牙利排位赛都失色了。

这就是冠宇的韧性，是他就算身处黑暗也不放弃希望并为之不懈努力的精神。我为他感到骄傲。

　　　　　　　　　　　　　　　　　　　　与爱同行

2023 年 F1 卡塔尔站冠宇在做赛前准备

2023 年冠宇在 F1 卡塔尔站

二十年后梦圆上海

　　一路走来，我们很少回应各种质疑，冠宇都是靠着自己一场又一场的高光表现将质疑声压下去的。

　　每一次的签约、续约，他都会遭遇嘲讽和抨击，一个月前官宣续约前也一样。

　　由于阿尔法·罗密欧车队 2023 年上半赛季的成绩不够理想，冠宇续约的事迟迟未定，于是关于他是否能顺利拿到 2024 年 F1 车手的席位又成了热门话题，很多说法甚至是谣言甚嚣尘上。

　　没办法，就二十个席位，能怎么办呢？弱队的年轻车手肯定是最好的靶子。

　　当年我们作为 F2 车手想要一个席位的时候，不也是紧盯着这个位置不放嘛！时移势易，当自己从攻擂方变成了守擂方，也得容许别人竭尽所能地为自己争取。赢了，更不必在意。

　　事实上，车队官宣续约的时间也不算晚，相比 2021 年早了两个月。

　　我们并不是很担心续约的事，因为新一年的 F2 年轻车手里并没有皮亚斯特里这样天赋极其出众的竞争者。实话实说，2021 年若不是皮亚斯特里继续留在 Alpine 车队，冠宇的命运还真有点悬。只能说有时候太过优秀、太招人惦记，也是一种负担。

今年续约的压力主要来源于我们的一点执念：太想在上海主场跑 F1 了！

作为中国第一位 F1 正赛车手，如果不能在 F1 上海站上场比赛，那是真的很遗憾。对广大中国车迷朋友来说，F1 上海站终于重启了，如果没有中国自己的车手参赛，也一样是种遗憾。

这一点相信大家都能理解，我们争取和努力，从来都只是为了"不辜负"。

如果不是疫情的原因，这个梦想和目标我们其实在 2022 年或者 2023 年就完成了，那么今年可能就一点压力都没有了，顺其自然就行，毕竟冠宇也算不上 F1 这二十人里的顶尖车手，他的表现起起伏伏很正常。很多车手都面临着 F1 席位时有时无的境况，每年也都需要费尽心思再争取。

都难，谁不难啊？想想那些天赋也很高但因为这样那样的原因连 F1 的边都没摸到的车手，我们已经很幸福了。所以，自从冠宇进入 F1 之后，我们的得失心并不是很重。可是因为疫情的原因，上海连续三次失去了举办 F1 大奖赛的机会，这个目标就突然变得紧迫了起来。

且不说 F1 上海站将来能不能继续办，能办到哪一年，即便它能一直顺利地办下去，冠宇也不一定有那个运气一直拥有席位啊。随着时间一年一年过去，冠宇的竞争力也会慢慢地下降，哪怕他每年都能进步，可保不准啥时候又冒出一个绝顶天才来呢！

所以，虽然不是很担心，但也不是一点都不担心。

只不过和以前相比，我们如今的团队更成熟稳重了一些，经验也更丰富了。

而且，经过两年的相处与磨合，车队和冠宇、和我们这个冠宇身后的团队都建立了信任关系。阿尔法·罗密欧作为一支中小车队，拥有一名可以为车队倾尽全力、与队友和睦相处、和团队紧密合作，自己也特别努力上进，还能将车损成本控制在一定范围内的车手，并不是坏事。

车队代表布拉维先生对媒体表示："决定维持现有车手阵容，正是我们对长期项目投入的有力证明。在一级方程式赛车中，没有什么事情在一夜之间就能改变，我们已经明确决定将重心放在稳定性上，共同打造我们的团队，因为我们将迎来重要的过渡期。"

卡塔尔的完美表现非常好地印证了这段话。赛后，车迷们为冠宇送上了新的外号："沙漠仙人掌"和"周树人"。面对如此嘉奖，冠宇很是开心，不仅在微博上亲自回应，团队还在后面的宣传册和海报上加入了相关元素，一时间网络上充满了欢声笑语。

2023 年冠宇在做核心力量和平衡能力训练

2023 年冠宇在做颈部训练

感谢阿尔法·罗密欧车队，不仅圆了冠宇 F1 的梦想，还圆了大家对 F1 上海站的梦想。时隔二十年，冠宇终于从看台上那个撅着屁股扬着头的小观众，长成了驰骋在赛道上的 F1 车手。

缘分，真是妙不可言。

我最大的心愿就是他平安

我知道大家都很憧憬 2024 赛季，希望冠宇在第三年大展宏图，尤其想看到冠宇在 F1 上海站拿出主场作战的霸气和优秀的成绩来，要是能登上领奖台那就更好了。

我也想，哈哈。但是梦想很丰满，现实很骨感，我还是得给大家打个预防针。

我们面前的这些 F1 车手太强了，一个个的履历和成绩拿出来都太能打了。虽然我是冠宇的母亲，但实话实说，他现在是 F1 中游的车手，再加上我们是一个小车队，所以领奖台离我们实在是太遥远了。

当然，梦想还是要有的，万一有奇迹发生呢？毕竟排位赛也是跑到过第五的嘛。

实在不行，就将这个纪录留到以后，如果冠宇退役前都不行，那就留给以后的中国小车手们吧。

一代人有一代人的使命和目标，冠宇自从进入方程式赛车这个领域以后，就一直在打破中国人在这个领域的纪录。可是人生短短几十年，一个人很难打破所有的纪录，也不需要让一个人打破所有的纪录。维斯塔潘那样的绝顶天才属于特殊材料打造，我们不和他比。

2022 年冠宇在 F1 奥地利站与粉丝互动

在他可预见的 F1 生涯中，如果有一天冠宇年度排名能挤进前十，我就心满意足了。

就算只停留在现在的名次，我也觉得很幸福。

自古以来，第一个吃螃蟹的人最难、最险、最艰辛，这在某种程度上是会影响到人的性格和气质的。比如很多朋友会说冠宇性格过于沉稳、过于温和，素质高到有待降低，甚至把"不敢骂人和撞车"和冠宇的天赋高低、成绩好坏联系在一起。对于这个问题，我觉得有必要聊几句。

冠宇的性格的确沉稳温和，素质也确实高，这一方面与家庭教育和氛围有关系，另一方面也与他在 F1 这个中国人很陌生的环境和系统中成长起来有关。作为一个外来者、新人者，沟壑是天然存在的，话语权是没有的，品牌和诚信也是缺乏的，如果人品还不好、素质还不高，怎么生存？他今天能得到围场里的认可，也有部分素质的因素在起作用。

将来的小车手们或许可以多一点"血性"，但冠宇已经是现在这样的冠宇了。

他也不是不会发火和发泄怒气，他生气的时候也会骂几句"破车""什么鬼"之类，但一般只会在转头面向我和其他家人的时候才会抱怨和发泄情绪，因为只有家人才会理解他、共情他，毫无芥蒂地接下这些负面能量。其他人，无论是车队工作人员还是赛场上的对手，都没有这个义务。

对 F1 这种协作性极强的竞技体育运动来说，抱怨和纷争尤其是脏话不会带来任何好处。个人的一句脏话也许会给努力的团队和工程师们带来无尽的麻烦。

嫌车不好，你咋不去开梅奔、红牛、法拉利，是不想吗？

嫌技师不好，你咋不把最好的请来，是不想吗？很多问题换位思考一下，其实答案显而易见。大家都尽力做到最好，就行了。

同理，撞车也是一样。首先是成本，大家都知道小车队的预算和资金很有限，撞不起。其次，真正有天赋的人也不会把赢得比赛的希望寄托在撞车上。如果靠技术能取胜，为什么要撞？撞了就一定能完成超车吗？还是说你敢撞对手，对手就一定怕你，给你让路？这都是很无稽且无聊的想法。

冠宇的天赋不是顶级的那一拨，跟他撞不撞车没有关系。事实上，超车从来不是冠宇的短板，而是他的强项，他的风格就是开着一辆很"挣扎"的车，却依然时不时让大家眼前一亮，甚至让大家热血沸腾。

何况 F1 赛车就是一项运动、一个职业、一个梦想。

本身已经是一项极具挑战和危险性的极速运动了，连 F1 官方都在不断改进和提升赛车的安全性，为什么要求车手非得撞来撞去？勇敢无畏和莽撞自私是两回事。

F1 的精神是挑战胜者和突破极限，但不是视死如归，更不是不守游戏规则。

冠宇自从进入方程式赛车领域以来，先后经历过队友比安奇、好友于贝尔的离世，自己也经历了一场重大事故，我想他有足够的勇气和资格来面对这个问题并做出自己的判断。所有的这些经历使得他的内心已经足够强大。作为观众，希望比赛更激烈、更戏剧性无可厚非，但作为母亲，我只希望包括冠宇在内的所有车手都能平安回家。

写在最后

行文至此，一种经过岁月沉淀的温暖而平静的力量充盈于我心间。

想起第一次带冠宇去看 F1 的时候那颗在他心中种下的种子，如今也逐渐成长为枝繁叶茂的大树，我也在期待着未来这棵参天大树一直向阳生长。

独行者是孤独的，越往前走越孤独，很多人走着走着就放弃了。

这一路走来，有些路段并不平坦，甚至充满了曲折险阻。成为母亲的旅程也并非一帆风顺，我看到了孩子的每一步成长，同时也看到了自己的成长。在经年累月的陪伴中，我变得更加坚强、更有耐心，也更加理解了爱和包容的意义。

独辟蹊径的过程很艰辛，没经验、无引领，经历风雨的时候没有支撑和遮挡。但我还是想感谢能够陪伴在冠宇身边，和他一起面对的所有困难和逆境。因为身为母亲，在见证孩子生命绽放的过程中，我也找到了无限的力量和意义，也因此收获了一个更独立、坚强、勇敢，甚至有着无限潜能的自己。

与爱同行

母子二人近照

每个孩子都有自己的独特之处和价值，每个人也都有独属于自己的特性，于是我们成长为形形色色的不一样的人。在陪伴冠宇和女儿的这些年里，我一直尊重和接纳他们的个性，也希望他们在这个世界上成为自己想成为的人，无论风雨如何，我都会始终站在他们身后，随时张开臂膀，准备给予他们一个温暖的拥抱。

　　冠宇是幸运的，为人父母的我们也很幸运。今日站在梦想的峰顶回看来时路，不仅有我们整个家庭不计回报的付出，还有社会各界不同阶段的托举。除了养育孩子有所成就本身就很幸福之外，这一路随行也为我们自己的人生开启了新的篇章。我相信未来这份幸运能以另一种形式回馈给社会，或许这就是我所理解的生命的意义和爱的底色吧。

　　……